EXPRESA LIDERAZGO

¡*Tu misión lo es todo!*

Mujeres de oración, ayuno, valentía e influencia

Madelyn Rodriguez

ELEVATION
CONSULTING

Edición Revisada 2024
Elevation Consulting, LLC.

Las citas Bíblicas han sido tomadas de la *Santa Biblia*, Reina-Valera 1960, rvr,
revisión © 1960 Sociedades Bíblicas en América Latina, la Nueva Versión
Internacional y la Traducción en Lenguaje Actual. Usadas con permiso.

Library of Congress Cataloging-in-Publication Data — Data is available upon
request

ISBN-13: 978-1979822091
ISBN-10: 1979822093
Portada y foto por: Johnny Rodríguez

Libros de la autora

Español

Las escaleras hacia el cielo: Cómo Dios habla a través de los sueños, visiones y revelaciones

Expresa liderazgo: ¡Tu misión lo es todo!

Posiciónate y toma tu lugar: Descubre tu fuerza en los lugares difíciles

Inglés

The stairways to heaven: How God speaks through dreams, visions, and revelations

Express leadership: Your mission is everything!

Position yourself & take your place: Discover your strength in difficult places

Madelyn Rodríguez

¡El regalo más grande que alguien puede recibir es descubrir su misión terrenal!

Para: _____

De: _____

Contenido

Agradecimientos

El crédito de este libro se lo debo a Jesús, Su precioso Espíritu Santo me ayudó a escribirlo. Gracias Jesús por morir en la cruz por nosotros hace unos 2,000 años. ¡Tu sacrificio perfecto nunca será olvidado!

A mi hermosa madre Leónidas, gracias por ser quién eres, amándome incondicionalmente, y por darme los mejores regalos; mis dos queridos hermanos Luis y Evelio.

¡También quiero reconocer y agradecer a todas las personas que me han ayudado a entender mi misión terrenal! Ustedes saben quiénes son.

Introducción

En la mañana del sábado 3 de junio del 2017, Dios me habló a través de un sueño y me dio el título de este libro. Me vi distribuyendo este libro en una conferencia de mujeres. Siempre he pensado en hacer una reunión de mujeres donde se pueda interactuar y hablar sobre nuestro valor, metas y el poder de nuestra misión terrenal. Las mujeres fueron creadas con una misión, y este libro te ayudará a entender la tuya. Independientemente de los obstáculos y las dificultades, naciste para influenciar esta generación y las futuras.

Mi misión con este libro es que tú puedas descubrir el propósito que Dios planeó para ti desde antes de la creación. Antes cuando no tenía una relación con Jesús, recuerdo muchos momentos en los que me sentía vacía y confusa; estaba completamente ajena al verdadero significado de la vida. Sentía un vacío terrible acompañado con la desesperanza. Sin embargo, cuando abrí mi corazón a Jesús y desarrollé una relación con Él, toda mi vida cambió para siempre. Comenzó a contestar mis preguntas, a través de la oración, los sueños, las visiones, y cuando abría la Biblia, cada pasaje o historia que leía, me hablaba directamente. Comencé a sentirme especial en mi nueva relación con mi Creador. ¿Pensé, cómo podría ser posible que con miles de millones de personas que viven en la tierra a Dios le iba importar pasar tiempo conmigo? Nuestro Dios es muy amoroso y poderoso.

Madelyn Rodríguez

Él es omnipotente, omnipresente y omnisciente. No hay nada más aterrador que no saber por qué estás en la tierra y para qué fuiste creada. Sólo nuestro Creador puede guiarnos a nuestro llamado divino. Él nos creó y conoce el propósito para que fuimos creadas. Muchas personas dicen: "No estoy listo/a para aceptar a Jesús" o "Cuando ordene mi vida le daré mi vida a Cristo". ¡Nadie puede arreglar su vida por su propia cuenta, es simplemente imposible! Cuando recibimos a Jesús como nuestro Señor y Salvador, inmediatamente nos convertimos en templos de Su Espíritu Santo. El Espíritu de Dios comienza a trabajar en nosotros y será nuestro Ayudador, Consolador, Abogado, Intercesor, Consejero y Fortalecedor.

La gente no puede cambiar por sí misma; humanamente hablando, no somos lo suficientemente fuertes. Necesitamos que el poder de nuestro Creador esté en nosotras para poder ser transformadas en lo que se supone que debemos hacer en la tierra. Hoy toma un paso de fe y elimina todo temor, porque te privará de cumplir tu destino. La Palabra de Dios dice: "Pues Dios no nos ha dado un espíritu de temor y timidez sino de poder, amor y autodisciplina" (2 Timoteo 1:7 NTV).

Expresa Liderazgo

¡Tú fuiste creada para ser una líder! ¡Sí, Tú! Es tu trabajo descubrir la asignación que te ha sido asignada desde antes de la creación del mundo. En el libro del Génesis aprendemos que Dios nos creó para tener dominio sobre todas las cosas terrenales (Génesis 1:28). Hay un famoso dicho que dice, "Piensa antes de actuar, porque siempre hay alguien que te está observando". Puede sonar cliché, pero es muy cierto. Independientemente de cómo te veas, siempre hay alguien que te mira como madre, hermana, tía, prima, esposa, amiga, maestra, política, atleta, empresaria, cantante, actriz, evangelista, profetisa o pastora, etc. Creo que ya entiendes mi punto. ¡Para el mundo puedes ser solo una persona, pero para una persona puedes significarle el mundo! Aunque te sientas inútil, siempre hay alguien que encuentra valor en ti y ese es Jesús quien murió en la cruz del Calvario hace unos 2,000 años para darte salvación, liberación, sanidad y restauración. Siempre trata de ser el mejor ejemplo a pesar de la falta de recursos o educación. Hay poder dentro de ti y viene del Espíritu Santo de Dios cuando recibes a Jesús como tu Señor y Salvador (Romanos 10:9).

"...pero recibirán poder cuando el Espíritu Santo descienda sobre ustedes; y serán mis testigos, y le hablarán a la gente acerca de mí en todas partes: en

Madelyn Rodríguez

Jerusalén, por toda Judea, en Samaria y hasta los lugares más lejanos de la tierra"
(Hechos 1:8 NTV).

Expresa tu liderazgo en todo momento porque fuiste creada para cosas grandes, para cambiar las vidas de los que te rodean, impactar esta generación y a las venideras. Mujer de Dios, desde hoy en adelante ya no te veas cómo el mundo te ve, sino cómo Dios te ve. Cuando leemos en la Biblia la fascinante historia de Ester, nos enteramos de que era una pobre huérfana que a pesar de tener una vida y un futuro que parecían desesperanzados, Dios tenía un plan maravilloso para su vida. Ester era una joven judía viviendo en el exilio que se convirtió en reina de uno de los imperios más poderoso del mundo, Persia en el 478 AC. Con su sabiduría y audacia ella salvó al pueblo judío de ser destruido.

¡Hoy, Dios también quiere cambiar tu destino! Si lo hizo con Ester, Rut, Débora y muchas otras mujeres, ¡indudablemente también lo hará en tu vida! La Palabra de Dios dice que todas las cosas son posibles para los que creen (Marcos 9:23). Fuimos creados para manifestar Su grandeza en la tierra a través de los dones del Espíritu. "A cada uno se le da una manifestación especial del Espíritu para el bien de los demás. A unos Dios les da por el Espíritu palabra de sabiduría; a otros, por el mismo Espíritu, palabra de conocimiento; a otros, fe por medio del mismo Espíritu; a otros, y por ese mismo Espíritu, dones para sanar enfermos; a otros, poderes milagrosos; a otros, profecía; a otros, el discernir espíritus; a otros, el hablar en diversas lenguas; y a otros, el interpretar lenguas. Todo esto lo hace un mismo y único Espíritu, quien reparte a cada uno según él lo determina" (I Corintios 12:7-11 NVI). ¡Sé una mujer guiada por el espíritu y prosperarás en todas las áreas de tu vida!

Jesús murió en la cruz para lavar nuestros pecados, fuimos comprados a un precio muy alto con Su sangre incorruptible. Habrá verdadero progreso, paz y alegría en una sociedad o cultura, cuando los derechos de las mujeres no sean ignorados sino valorados. Los hombres y las mujeres fueron creados iguales, y somos amados de igual manera por nuestro Creador.

"¡Recuerda que la vida comienza al final de tu zona de confort! Si tus sueños no te asustan, ¡no son lo suficientemente grandes!"

Madelyn Rodríguez

De Oruga a Mariposa

Justo cuando la oruga pensó que la vida había terminado, se convirtió en una hermosa mariposa.

¿Te imaginas si la oruga supiera el proceso doloroso que tiene que soportar para convertirse finalmente en una hermosa mariposa? Llega al mundo sola para descubrir que su vida es bastante desordenada, tiene que arrastrarse en la tierra, comer hojas y probablemente no puede moverse más de unos pocos cientos de metros cuadrados de donde nació. Se encuentra constantemente en peligro de ser aplastada por los seres humanos y otros animales, o de ser comida por los depredadores. La transformación de la oruga a la mariposa es una de las más exquisitas en el mundo natural; es una metamorfosis de una oruga aferrada a un árbol, un parásito de doce patas a una majestuosa mariposa voladora. Su metamorfosis es una de las metáforas más usadas para describir una transformación asombrosa. Es realmente un mecanismo fantástico desarrollado por la naturaleza. Sin embargo, aunque todo puede parecer hermoso en el exterior, esta transformación se ve bastante horrible en el interior de la crisálida. Dado a que la oruga debe morir esencialmente; entrar en un capullo y esperar días para que su transformación tenga lugar. Esto debe ser un proceso espantoso y doloroso para la oruga, pero deben sufrir este proceso para obtener alas, colores y libertad.

Al igual que la oruga, cada persona llega a un punto en su vida donde ha llegado el momento ¡de dejar de gatear, y empezar a volar para alcanzar el destino para el que fueron creados! Al igual que la oruga, habrá un momento en el que tendrás que renunciar a tu vida y tus conocimientos para poder permitir que la metamorfosis ocurra. Morir al *yo* y luego rendirte a un proceso que te convertirá en quien realmente fuiste creada para ser. Deja de verte como una oruga y permítele a Dios que te transforme en la persona que fuiste creada para ser. El proceso va a doler, pero un proceso es sólo una transición que te lleva del punto A al punto B, para que puedas llegar a donde debes estar. Tolera el proceso de Dios en tu vida porque con el tiempo llegarás a ser tan hermosa como una mariposa. Confía, somos barro en las manos del alfarero y Él sabe el moldeamiento que necesitamos para convertirnos en aquello para lo cual fuimos creadas.

Capítulo I

¡Tú misión lo es todo!

Madelyn Rodríguez

¿Alguna vez has sentido que estás empujando y empujando, pero que no alcanzas nada y no llegas a ningún lado? Tal vez has pasado meses, años o toda una vida tratando de averiguar por qué no has logrado el éxito en esa área en la que has desperdiciado tanta energía. Quizás ha sido por una carrera, trabajo, estudios escolares, un hombre, etc. Cualquiera que sea el caso, ¿has pensado que posiblemente estás empujando en la dirección equivocada?

Déjame explicarte. ¿Alguna vez has intentado caminar contra el viento y luego te has dado cuenta de que es una lucha y finalmente te cansas y te agotas? Bueno, en el idioma hebreo el Espíritu Santo significa el Viento Santo. Cuando caminas contra el Espíritu eso crea un peso sobre tu vida. Las cosas se vuelven mucho más difíciles de hacer. Usas más energía para hacer mucho menos y es una lucha que no puedes ganar. Si comienzas a caminar en la dirección que el viento está soplando, será mucho más fácil y no estarás frustrada ni abatida. Si caminas en el Espíritu, el agotamiento y el sentimiento de impotencia desaparecerían. Deja de caminar contra la voluntad de Dios y entra en las bendiciones que Él predestinó para tu vida desde antes de la creación. Cambia hoy el rumbo de tu vida y toma la decisión de caminar con el Espíritu de Dios para que la jornada sea mucho más fácil. Hoy toma un descanso de la preocupación y dale todas tus preocupaciones al Señor (Salmos 55:22). El Espíritu fortalecerá todas las áreas de tu vida y la vida se hará mucho más fácil. ¡Si caminas en el Espíritu, encontrarás tu misión!

"¡Si caminas en el Espíritu, encontrarás tu misión!"

Como seres humanos en la vida vamos a luchar con tres preguntas, ¿quién soy? (**Identidad**), ¿tengo algún valor? (**Valor**), y ¿por qué estoy aquí? (**Propósito**). Hasta que entendamos nuestra identidad, valor y propósito, será difícil sentirnos felices o satisfechas en cualquier cosa que hagamos. Hasta que entendamos que nuestra identidad, valor y propósito sólo se encuentra en nuestro Creador, nos pasaremos la vida sin saber cómo debemos de ser tratadas o en qué dirección debemos ir. Por ejemplo, si tienes que conducir a un lugar que nunca has visitado, tendrás que poner el Sistema de Posicionamiento Global, más conocido por sus siglas en inglés, GPS (Global Positioning System) para poder llegar. No sólo en la vida necesitamos un GPS para ayudarnos a llegar al destino deseado, sino también en todas las áreas de nuestras vidas. El Espíritu Santo es nuestro GPS y nos dirige hacia el destino que hemos sido creadas para tener; un destino de cumplimiento, esperanza, felicidad y paz.

Después de entender nuestra identidad, valor y propósito, podremos descubrir lo que está deteniendo o atrasando nuestra misión terrenal. ¿Será que Dios nos está pasando por un *proceso* o un *desierto* para que podamos crecer espiritualmente? ¿Hay oposición demoníaca bloqueando las bendiciones? ¿O quizás es nuestro carácter (orgullo, terquedad, raíz de amargura, duda, falta de perdón, traumas del pasado, etc.) lo que nos está impidiendo entrar a la Tierra Prometida? Este libro te contestará esas y otras preguntas para que puedas comprender claramente lo que realmente está sucediendo en tu vida.

Hace unos meses soñé que era mi último día en la tierra. Acostada en una cama, el único pensamiento que pasó por mi mente fue: "¿Cumplí con mi misión terrenal?" Cuando me desperté, empecé a tomar en serio mi misión. Sabiendo que cuando llegue ese día inevitable (último día en la tierra) quiero sentir la satisfacción y la paz de saber que mi tiempo fue sabiamente utilizado para cumplir el plan de Dios. Lo más importante es que se sienta orgulloso de mi obediencia hacia mi llamado. En la vida, primero debes conocer tu misión. Hasta que logres conocer cuál es tu propósito, la vida no tendrá sentido, y perderás tiempo en cosas que te alejarán de tu verdadero destino.

Hoy en día hay más de 7 mil millones de personas que viven en la tierra, y lamentablemente, muchos morirán sin conocer su propósito. Cuando la vida de las personas está centrada en la tristeza, la ira, el rechazo, la soledad, el abandono, la depresión, la frustración, raíz de amargura, las drogas, el alcohol y otras cosas negativas, esto simplemente significa que no están cumpliendo su propósito. Cuando sepas y entiendas que naciste para cumplir una misión terrenal, entonces el gozo se encontrará en tu misión. Entender la misión te ayudará a ver el mundo desde una perspectiva diferente. No verás la vida de la misma manera que antes, analizarás las consecuencias antes de hacer un movimiento, porque al igual que en el juego de ajedrez, un mal movimiento puede arruinarte las posibilidades de ganar, y en tu caso, te arruinará las posibilidades de obtener la victoria. El propósito le da a una persona una firme creencia y determinación para establecer metas y alcanzarlas. En el cementerio hay muchísimos sueños incumplidos de personas que murieron sin verlos manifestarse. Pero en este momento, debes declarar que eso no te sucederá a ti y que entrarás a tu Tierra Prometida.

Dios estableció la eternidad en el corazón del ser humano

"Todo lo hizo hermoso en su tiempo; y ha puesto eternidad en el corazón de ellos, sin que alcance el hombre a entender la obra que ha hecho Dios desde el principio hasta el fin" (Eclesiastés 3:11 RVR1960). ¡Fuiste creada para vivir para siempre! Lo que hagas en la vida (en la tierra) tendrá eco en la eternidad, "Los sabios resplandecerán con el brillo de la bóveda celeste; los que instruyen a las multitudes en el camino de la justicia brillarán como las estrellas por toda la eternidad" (Daniel 12:3 NVI). Aquellos que hacen la voluntad de Dios en la tierra, durarán para siempre. Por lo tanto, sí importa en el Cielo, lo que haces en la tierra.

Las personas que entienden su propósito saben que su destino eterno está siendo escrito de acuerdo a cómo viven en la tierra. Dios tiene un llamado para todos, todos estamos diseñados para alcanzar cosas grandes. En el cuerpo de Cristo hay predicadoras, pastoras, amas de casas, mujeres que trabajan, profesionales, empresarias, doctoras, autoras, etc. Tú puedes vivir el evangelio dondequiera que Dios te haya puesto; esa es tu plataforma terrenal. Puedes vivir de una manera que honre a Dios justamente donde estás ahora mismo. Es importante saber que las recompensas de Dios serán otorgadas de acuerdo a la obediencia, para cumplir cualquier vocación o propósito con el que Él te haya diseñado para hacer. Para algunos, la idea de la muerte es aterradora,

Madelyn Rodríguez

pero los cristianos no tienen nada que temer. ¡La tumba vacía de Jesús demuestra que hay vida después de la muerte! La muerte de un creyente no es un final horrible. De hecho, es la puerta a una nueva vida en la eternidad con Dios. Nuestros días en la tierra son sólo el comienzo de nuestra existencia; nuestro tiempo aquí será muy corto en comparación con una vida gozosa en la eternidad con Jesús.

"La muerte de un creyente no es un final horrible. De hecho, es la puerta a una nueva vida en la eternidad con Dios".

La existencia se convertirá en un libro

Una noche mientras estaba distraída lavando los platos en casa, el Señor me mostró que todo lo que existe desaparecerá en un abrir y cerrar de ojos. En la visión, vi cómo la tierra y toda la existencia desaparecían como dice la Palabra de Dios, "El cielo y la tierra desaparecerán, pero mis palabras no desaparecerán jamás" (Mateo 24:35 NTV). La existencia se estaba convirtiendo en un libro justo delante de mis ojos, y todo lo que hagamos será registrado (Apocalipsis 20:12).

Dios es un Dios de propósito

"...Te conocía aun antes de haberte formado en el vientre de tu madre; antes de que nacieras, te aparté y te nombré mi profeta a las naciones" (Jeremías 1:5 NTV).

¿Sabías que fuiste creada para este tiempo? ¿Sabías que Dios quiere usarte como un instrumento para Su gloria? ¿Sabías que eres amada por un Rey que está sentado en el Trono del Reino Celestial, quien es soberano y Rey absoluto de todo, y está esperando que lo llames para abrirte los cielos a tu favor? Clámale a Dios, Él es un Padre fiel. Él quiere que seas próspera espiritualmente y en el mundo natural (aquí en la tierra) en todo momento. Él quiere que seas el templo de Su Espíritu Santo, vivir dentro de ti, y estar de tu lado como un poderoso guerrero; así que no tengas miedo de soñar en grande. Descubre la misión de Dios para tu vida y cúmplela. Estás aquí en asignación, tienes un propósito. Cree en tu vocación y ten fe, ya que sin fe es imposible agradar a Dios (Hebreos 11:6).

Emociónate por la próxima temporada de tu vida, confiando en que lo que te faltó en esta temporada, Dios lo cumplirá abundantemente en la próxima. Solamente Él puede guiarte a la felicidad eterna. Confía en Dios, aunque no entiendas el proceso. ¡No es el final, sólo Dios tiene la última palabra! Recuerda que la palabra ***proceso*** no es un letrero en el cual uno se detiene, donde uno debe pararse, sino un lugar

Madelyn Rodríguez

de transición, de movimiento. Dios te está moviendo hacia el próximo gran lugar, donde finalmente verás esas peticiones de tu corazón. ¡Dios no se ha olvidado de ti, Él te está moldeando en la nueva persona que serás! Sí, sé que sientes el dolor y la presión es intensa, pero al final, tu luz brillará y la gente tendrá que darse cuenta de que, durante tus dificultades, Dios estaba contigo. ¡Él nunca, nunca, nunca, te dejará! En este día, Dios te está diciendo, tengo más para ti, si sólo pudieras creerlo. Los que creen verán la gloria de Dios. Dios sanará tus heridas, Dios te librará del mal, y Él te restaurará; no parcialmente, sino completamente.

¡Tenemos un Padre bueno! ¡Sin Su gloria no podemos tener avivamiento en nuestras vidas! Lo mejor está por venir. Probablemente has sido independiente toda tu vida, o dependiente de personas que te hicieron algún mal; ahora es el momento de depender ¡sólo de Dios! ¡No tienes que ser perfecta para invocar el nombre que es perfecto, JESÚS!

"Estás aquí en asignación, tienes un propósito".

Destinada para reinar

¡Tú has sido llamada por el Señor para vivir una vida de victoria, no de derrota! Dios quiere que seas próspera en todas las áreas de tu vida. Él te ha llamado a ser cabeza y no cola. Si eres una ama de casa, estás ungida para criar hijos maravillosos en Dios. Si eres una empresaria, Él quiere que tengas un negocio próspero. O si eres estudiante, Él quiere que sobresalgas en todas tus clases. Dios no sólo quiere que tengas trabajo, Él quiere que tengas una posición de influencia. Sea cual sea tu vocación, Dios te ha predestinado para realizar cosas grandes. Has sido destinada a reinar sobre los poderes de las tinieblas, la pobreza, la depresión, la frustración, la enfermedad y todo pecado. Es importante entender que el poder de prosperar no depende de tu educación, de tu familia, de cuánto dinero tienes en el banco ni de tu apariencia física.

El derecho a reinar tiene que ver con lo que Jesús hizo en la cruz del Calvario hace unos 2,000 años. Reinar en la tierra tiene que ver con el sacrificio perfecto que Él hizo en la Cruz. Por lo tanto, si estás viviendo una vida de pobreza, depresión, relaciones quebrantadas, etc., no estás viviendo la vida que Jesús planeó para ti. Debes de recibir y depender de la gracia, favor y bendiciones de Dios. Las bendiciones están totalmente basadas en Su gracia. En otras palabras, Sus bendiciones son inmerecidas. Hoy, recibe a Jesús y el perfecto sacrificio que Él hizo en la cruz y pide fuerza física, espiritual,

Madelyn Rodríguez

emocional y mental para mantenerte enfocada y continuar sosteniéndote en Sus promesas.

> *"Debes de recibir y depender de la gracia, favor y bendiciones de Dios".*

¡Determina tu propósito en la vida!

¿Cuál es el propósito de tu trabajo?

La sociedad determina la medida del éxito de un individuo; pero cuando una persona es bendecida por Dios, significa que está en Su voluntad, plan y propósito. Lo correcto es buscar la aprobación de Dios siempre. Un salario alto o un puesto importante en una empresa no necesariamente indican que estás alineada con los planes de Dios. Algunas personas se aferran a los salarios o puestos, aun siendo miserables, porque no se atreven a dejar el trabajo por miedo a ser ridiculizados.

Seamos claros; la insatisfacción también puede ser un resultado de la guerra espiritual (Efesios 6:10-12), y no necesariamente una indicación de que estamos fuera de la voluntad de Dios. Sin embargo, también puede ser una señal de que no estás cumpliendo tu propósito. Si no estás satisfecha con tu lugar de trabajo actual y has orado por un tiempo, has buscado orientación a través de la Biblia y has buscado consejos de mentores espirituales y todavía te sientes frustrada, desesperanzada y sientes un vacío por dentro, entonces es definitivamente el momento para considerar que Dios puede tener otro plan para ti. Hace dos años, fui llamada para trabajar como asistente para el presidente de una organización de medios de comunicación. Mi primera reacción fue una de felicidad ya que pensé que tendría la oportunidad de seguir desarrollando mis habilidades en el mundo periodístico. Sin embargo, ¡estaba completamente equivocada! Me contrataron para servir té y café a los invitados. Estaba muy decepcionada y no entendía por qué Dios me había puesto en ese empleo o si me había equivocado al aceptar el trabajo. Pero entonces recordé que unos días antes de que me ofrecieran el empleo, el Señor me dijo en un sueño que iba a empezar a trabajar para esa organización. A medida que los días avanzaban, me sentía perdida y confundida, por eso el discernimiento es vital en la vida de un creyente para seguir el plan de Dios. Aunque no entendía mi propósito en la oficina, nunca pensé en dejar mi empleo. Pasaron meses y finalmente entendí por qué Dios me había enviado allí. A veces, Dios te envía a lugares y te dice por qué estás allí desde el principio o cuando terminaste de hacer aquello a lo que fuiste enviada para hacer como ocurrió en mi caso.

Todo el tiempo que estaba sirviendo café y té me sentía infeliz. Permíteme ser clara, no que sea nada malo el servir, pero me había sacrificado años para obtener dos títulos universitarios y en combinación con experiencia laboral, quería poder utilizar mi conocimiento y tiempo en aquello en lo que me había esmerado por aprender. La presencia de espíritus demoníacos era tan pesada en la atmósfera que yo ayunaba y oraba antes de llegar al trabajo y durante las horas de trabajo con música cristiana saturaba los aires. Finalmente, un día la noticia salió a la luz; la empresa iba a cerrar, pero por motivo de confidencialidad los problemas no fueron revelados. Las principales personas involucradas en la organización eran líderes influyentes por los que a menudo le oraba. Una noche, recibí otro sueño en el que Dios dijo que mi misión se había cumplido. Inmediatamente comprendí que mi tiempo en la organización había llegado a su fin. Ahora, entiendo el plan de Dios para esa temporada de mi vida. La compañía estaba tratando asuntos serios y como Dios sabe todas las cosas, Él me había enviado como una guerrera de oración.

> *"La sociedad determina la medida del éxito de un individuo; pero cuando una persona es bendecida por Dios, significa que está en Su voluntad, plan y propósito".*

En esta temporada de tu vida no cuestiones a Dios, en lugar de hacerle preguntas, pide discernimiento porque puedes pensar que estás en el lugar equivocado, pero sin saberlo estás en asignación. Dios me dijo a través de profetas y en sueños, que estaría orando por gente de influencia, pero nunca pensé que en el plan de Dios incluía servir café y té. En otras palabras, lo que quiero explicar con esto es lo siguiente: Deja de planear o hacer estrategias sobre cómo Dios hará lo que Él ha prometido. Recuerda que la Tierra Prometida no es necesariamente la tierra perfecta, pero en cada obstáculo y situación difícil la gracia de Dios te ayudará.

Rodéate de las personas correctas

Una de las decisiones más importantes que tomarás en la vida es con quién escoges rodearte; gente que te ayudará a alcanzar tus metas o gente que te impedirá alcanzarlas. La Biblia nos dice acerca de la importancia de seleccionar a las personas con las cual andamos. Por ejemplo, no fue hasta que Rut dejó su origen pagano y su patria y siguió a Noemí que vio las promesas de Dios. Rut tenía una oportunidad única en la vida de ser posicionada en el linaje de Jesucristo, ¡y qué regalo!

"Nuestro Dios es fiel y rápido para recompensar nuestra obediencia".

Nuestro Dios es fiel y rápido para recompensar nuestra obediencia. Rut sabía que el Dios de Noemí era el verdadero Dios viviente. Ella podía haberse regresado a su cultura impía y evitar todas las dificultades a las que se enfrentaría en una nueva tierra. Así que necesitas rodearte de hombres y mujeres que adoren y sigan los mandamientos del Señor. ¡Interactuar en eventos con diversas personas es una excelente manera de conectarte e incluso de ser contratada para hacer lo que te gusta hacer! Por ejemplo, si quieres ser empresaria, escritora, diseñadora de moda o seguir cualquier sueño que tengas en tu corazón, ve a esos tipos de eventos y conoce a gente que ya está haciendo lo que quieres hacer. ¡Levántate hoy, sal y haz conexiones que cambiarán tu vida para siempre! Oro

Madelyn Rodríguez

diariamente a Dios y le pido que traiga a mi vida las personas que Él escogió antes de la creación para ayudarme a cumplir mi misión terrenal. Te recomiendo que hagas lo mismo.

En búsqueda del amor verdadero

Encontrar el amor verdadero puede ser difícil, pero también debemos presentar esa área de nuestras vidas a Dios. Algunas personas creen que pueden elegir a su pareja basándose en su propia opinión y estándares, pero la Biblia nos dice que el corazón puede ser engañoso y fácilmente confundido; por lo que debemos confiar plenamente en la guía de Dios. (Jeremías 17:9). Dios es un Dios de relaciones y propósito, lo que significa que después de Dios nuestra segunda relación más importante debe ser con la persona que Él escogió para ayudarnos a cumplir nuestro propósito terrenal, nuestra ayuda idónea. Después de aceptar a Jesús como Señor y Salvador, la segunda decisión más importante es elegir a la persona con la que te casarás.

"Tu pareja debe ser tu complemento, no fue creado para completarte".

Aquí hay cinco puntos clave que pueden ayudarte en el proceso de encontrar a tu pareja. **Sentirte completa en Dios**, esto significa que no estás buscando a alguien para hacerte sentir completa o realizada. Tu pareja debe ser tu complemento, no fue creado para completarte. **Tienes que**

conocer tu propósito, una vez que tengas una relación con tu Creador, comprenderás la razón por la que fuiste creada y tu compañero y tú deben compartir esa visión para poder cumplirla. **La química es importante**: debe gustarte la persona y no simplemente involucrarte porque crees que sería una buena idea, o porque es una buena persona; con la esperanza de un día enamorarte. **La conexión**, es más que gustarle a la persona; debes tener un fuerte vínculo. **Recibe revelación divina de Dios**, permite que Dios esté en el centro de tu relación para que puedas discernir la voz de Dios a través de la oración.

¡No dejes que el miedo te paralice!

El miedo es falsa evidencia aparentando ser real. Confía en Dios porque sin fe es imposible agradarle. Debemos saber que Él es todopoderoso. No importa quién eres, o lo que quieres lograr, al único líder que necesitas para avanzar hacia tu propósito es al Espíritu Santo.

"El miedo es falsa evidencia aparentando ser real".

Cuando tenemos miedo a la crítica y somos excesivamente defensivos, perdemos la oportunidad de ser un regalo para los demás. Tu propósito no se trata sólo de ti; también se trata de muchas personas que Dios quiere tocar e influenciar a través de ti. Hasta Jesús sufrió burlas en la sociedad por grupos políticos y fariseos hostiles. Cuando ellos marcharon a Jesús al Gólgota, Él dio Su vida por aquellos a quienes amó. La redención de la raza humana no habría ocurrido si Jesús hubiera sido excesivamente defensivo y vencido por el miedo a la crítica. En el caso nuestro, si insistimos en estar cómodos y evitar la crítica de otros, no cumpliremos el propósito que Dios tiene para nosotros.

Poca o ninguna educación

"Los miembros del Concilio quedaron asombrados cuando vieron el valor de Pedro y de Juan, porque veían que eran hombres comunes sin ninguna preparación especial en las Escrituras. También los identificaron como hombres que habían estado con Jesús" (Hechos 4:13 NTV). Recibir una educación académica es importante, pero seamos realistas, no todo el mundo tiene la oportunidad. Estoy aquí para decirte que Dios todavía está en control de tu vida y Él sabe las circunstancias que estás enfrentando y, ¡Él hará un camino para ti! He oído historias de personas que eran analfabetas y un día abrieron la Biblia y el Espíritu Santo les dio la comprensión de lo que estaban leyendo.

No hay nada imposible para los que creen. Nuestro Señor es poderoso. Debes creer para recibir lo que Él tiene para ti. La sabiduría le pertenece a Dios y se la imparte a los que se la piden. Todo lo que pidiereis en fe, al Padre en el nombre de Jesús lo recibirás.

"La sabiduría le pertenece a Dios y se la imparte a los que se la piden".

Mi descripción del Cielo es estar rodeada de libros y beber café; me encanta leer. Cuando me convertí en creyente, confesaré que fue muy difícil para mí entender la Biblia. Leía libros sobre historias bíblicas para adquirir entendimiento y una noche el Espíritu Santo me dijo a través de un sueño: ***"¿Por qué no dejas que mi Espíritu Santo te guíe?"*** Aunque no soy una maestra de la Palabra (pero me gustaría serlo) en Su gran misericordia me ha enviado a escribir libros cristianos. Sin embargo, paso horas y días leyendo la Biblia, permitiendo que Su Espíritu provea la sabiduría necesaria para seguir escribiendo.

A veces nos limitamos diciendo: "No puedo predicar o hacer lo que Dios me ha enviado hacer hasta que lea toda la Biblia". Aunque leer la Biblia es una necesidad para cualquier persona que quiera tener una relación con Dios, entender cómo Él piensa y cómo uno debe obedecerle; sin embargo, Dios no está buscando expertos, sólo personas que estén dispuestas a cumplir Su misión. La vida es un viaje y si permaneces cerca de Dios, Él te equipará todos los días con los recursos necesarios para cumplir lo que Él te ha llamado hacer.

Dios es más grande que tus problemas financieros

"Pedro y Juan lo miraron fijamente, y Pedro le dijo: '¡Míranos!' El hombre lisiado los miró ansiosamente, esperando recibir un poco de dinero, pero Pedro le dijo: 'Yo no tengo plata ni oro para ti, pero te daré lo que tengo. En el nombre de Jesucristo de Nazaret, ¡levántate y camina!'" (Hechos 3:4-6 NTV). Cuando te enfrentes con problemas de dinero no te asustes, el miedo paralizará tu mente, y no te permitirá usar tu creatividad para resolver el problema. Mantén la calma, confía en Dios y espera. Organízate, averigua exactamente cuánto es tu ingreso y cuánto debes. Trata de disminuir tus gastos hasta que tus finanzas estén bajo control.

La disciplina es necesaria para ser libre de deudas. No seas una compradora impulsiva; entiende que lo que no puedes comprar ahora, lo podrás más adelante. Además, piensa en nuevas ideas y nuevas fuentes posibles de ingresos que puedan generar un flujo de dinero en tu bolsillo. Si estás dispuesta a explorar con nuevas ideas, Dios te las dará. A través del diezmo, Dios promete traer un rompimiento financiero. "'Traigan todos los diezmos al depósito del templo, para que haya suficiente comida en mi casa. Si lo hacen' —dice el SEÑOR de los Ejércitos Celestiales—, 'les abriré las ventanas de los cielos. ¡Derramaré una bendición tan grande que no tendrán suficiente espacio para guardarla! ¡Inténtenlo! ¡Pónganme a prueba!'" (Malaquías 3:10 NTV). Muchos se preguntan porque tanta insistencia en el diezmo, pues porque solo así se podrá expandir el reino de Dios aquí en la tierra. Todavía no estamos en el Cielo donde obviamente no se necesitará el dinero para vivir, pero aquí en la tierra existen gastos. Pagar la renta del templo, la luz, etc. Además, se necesita un lugar a donde los hermanos se puedan congregar en paz para escuchar la Palabra. Suceden dos cosas cuando le ofrendas al Señor, número uno le muestra que el dinero no es tu dios sino Él, y dos estas ayudando a que almas reciban salvación y sus vidas sean transformadas para siempre. ¿Ahora entiendes el porqué del diezmo?

"A través del diezmo, Dios promete traer un rompimiento financiero".

Otra cosa importante para tener en cuenta es visualizarse libre de deudas, ¡SIN DEUDAS! La mente es muy poderosa, los pensamientos se convierten en nuestra realidad. Aférrate a la idea de que eres libre de deudas y visualízate viviendo la vida que siempre has soñado, y empieza a sentir la paz mental y alegría en tu interior. ¡Comienza a vivir ahora!

¡Ya suéltalo!

Tal vez alguien de tu pasado te ha herido (madre, padre, algún pariente, amigo, novio, esposo, etc.) y eres incapaz de perdonar debido al dolor. Tal vez esa raíz de amargura te está paralizando para tener otra relación sana o incluso para confiar de nuevo, y puede ser que no te permita disfrutar de la vida cotidiana de la manera que debes. La Palabra de Dios nos dice que debemos perdonar a los que nos ofenden; de lo contrario, nuestro Padre Celestial tampoco nos perdonará a nosotros nuestros pecados (Mateo 6:12).

No debemos de juzgar, ya que nunca tendremos la información absoluta sobre las situaciones. Siempre hay cosas que permanecerán escondidas de nosotros y no sabremos el porqué del comportamiento o acciones de las personas; en cambio, Dios sí sabe y ve todas las cosas. El Señor es nuestro juez y dice que la venganza es Suya, debemos confiar y encontrar la paz en Él. En cualquier caso, ninguno de nosotros es tan perfecto que no podamos perdonar a alguien, ya que han existido momentos en los que todos les hemos causado dolor a otros de manera consciente o inconscientemente.

"No debemos de juzgar, ya que nunca tendremos la información absoluta sobre la situación".

Muchas veces hemos perdonado a otros, pero no nos perdonamos a nosotros mismos. Tenemos que entender que somos perdonados por Dios y que Sus misericordias son nuevas cada día; no sólo un día, sino todos los días y Su amor nunca termina. ¿Te puedes imaginar la alegría de una persona que ha sido perdonado/a de una pena de prisión? Asimismo, es con Jesús, ¡Él ya ha pagado por nuestros pecados en la cruz del Calvario hace unos 2,000 años! Muchas personas son incapaces de seguir adelante porque su pasado les persigue, el diablo ama atormentarnos, pero Cristo nos ha dado autoridad para expulsar todos nuestros malos pensamientos y debilidades de nuestras mentes.

Deja de salir con gente que constantemente te pisotea por causa de la vida que solías vivir y recuérdales que en Dios somos una, ¡NUEVA CREACIÓN! "De modo que, si alguno está en Cristo, nueva criatura es; las cosas viejas pasaron; he aquí todas son hechas nuevas" (2 Corintios 5:17 RVR1960). La nueva creación es completamente nueva; producida de la nada, igual como se formó el universo. ¿No es eso una gran noticia? ¡Es algo de lo cual hay que alegrarse! Mujer de Dios, aprende y entiende que nuestro Señor ha cancelado nuestra deuda y somos libres de vivir una vida llena de la abundancia de Dios. Perdona a otros y perdónate a ti misma, y verás cómo la vida cambiará sobrenaturalmente.

Un lugar al cual pertenecer

"Aunque mi padre y mi madre me dejaran,
con todo, Jehová me recogerá"
(Salmos 27:10 RVR 1960).

¿Alguna vez te has sentido abandonada, rechazada o sola? Las personas en estas situaciones suelen refugiarse en el alcohol, las drogas y en otros deseos mundanos para tratar de llenar el vacío que sienten en su interior. La Palabra nos dice que no estamos solos, "Y yo le pediré al Padre, y él les dará otro Abogado Defensor, quien estará con ustedes para siempre. Me refiero al Espíritu Santo, quien guía a toda la verdad. El mundo no puede recibirlo porque no lo busca ni lo reconoce; pero ustedes sí lo conocen, porque ahora él vive con ustedes y después estará en ustedes" (Juan 14:16-17 NTV). ¿Por qué duele tanto el rechazo? ¿Qué te hace sentir no deseada, no amada y no invitada? Creo que llegar a la raíz del problema ayudará a muchas a superar esta terrible emoción de no sentirse lo suficientemente dignas.

La emoción del rechazo nos afecta mucho más de lo que nos gusta admitir. Hay dos miedos centrales que alimentan a una persona que ha sido rechazada, uno es el miedo de ser abandonado/a y el otro es el miedo de perder la identidad. Si has sido abandonada o rechazada por tus padres, novio, marido, amistades, un trabajo o carrera, etc., los pensamientos inmediatos que circulan en la mente son: "No valgo nada", y

"¿quién soy yo sin esa persona o trabajo?" El rechazo no es sólo un sentimiento, sino mentiras que se convierten en realidad sobre cómo pensamos acerca de nosotros mismos. Vivir sin un padre no fue fácil para mí; sentía que había un lugar quebrado en mi corazón debido su ausencia. Esperaba que un día un hombre viniera a mi vida y llenará ese vacío, pero estaba equivocada. Pasé muchos años soltera esperando a ese hombre especial que sanaría mis heridas y dolor, pero nuestra identidad debe estar anclada en la verdad de quién es Dios y quién es Él para nosotros.

Dios es el Único que puede sanar y restaurar nuestras vidas. No tengo que ser la hija de padres quebrantados el resto de mi vida. Soy una hija de Dios y soy verdaderamente amada por Él. Debemos vivir arraigados y establecidos en el amor de Dios. El amor de Dios nos sostiene, independientemente de los vientos de dolor y rechazo porque ya no pueden desarraigarnos y destrozarnos. Su amor nos mantendrá firmes no permitiendo que las palabras dolientes y las situaciones hirientes sean una fuerza destructiva. Tenemos que saber que estamos llenas, porque Cristo nos ha dado plenitud, ¡y eso es poder! El amor de Jesús no se basa en una persona que te acepte o te quiera; está basado en Su amor incondicional y en lo que hizo hace unos 2,000 años en la cruz.

"Dios es el Único que puede sanar y restaurar nuestras vidas".

Para caminar en victoria primero debes entender que el amor de Dios es incondicional y que, ¡no estás sola! Él ya sabe los errores que harás. Él está en control de todas las cosas. Es importante buscar Su presencia en la oración, arrepentirnos de nuestros pecados, humillarnos ante Él, y Él nos dará la bienvenida con los brazos abiertos. Las misericordias de Dios son nuevas cada día. Él hace millones de milagros al día alrededor del mundo y tú no eres la excepción. La forma en que pensamos tiene mucho que ver cómo actuamos, "Porque cuál es su pensamiento en su corazón, tal es él..." (Proverbios 23:7 RVR1960). Debemos renovar nuestras mentes si tenemos la intención de caminar en una victoria real. Es triste saber que tendemos a creer más en las mentiras del diablo en lugar de creer en lo que Dios dice de nosotros en Su Palabra.

Muchas personas viven la vida creyendo que no tienen valor simplemente porque sus padres, familiares o personas allegadas a ellos, los han tratado de una manera que les ha hecho sentirse devaluados. Cuando leemos la Biblia, ganamos autoridad en el mundo espiritual cuando comprendemos que Dios nos ama tanto que envió a Su único Hijo, Jesús, a sufrir y a morir en nuestro lugar, a fin de que podamos ser redimidos de nuestros pecados y tener una relación con Él. Cuando sabemos cómo piensa Dios de nosotros, la desesperanza, la depresión y la tristeza desaparecen y son reemplazadas por el regocijo. Dios quiere que sepas hoy que Él tiene un futuro maravilloso reservado para ti. Olvida el pasado y enfocándote en Jesús y en el futuro bendecido que te espera. Aquellas personas que confían en Él nunca serán avergonzadas u olvidadas.

> *"Se reviste de fuerza y dignidad, y afronta segura el porvenir. Cuando habla, lo hace con sabiduría; cuando instruye, lo hace con amor. Está atenta a la marcha de su hogar, y el pan que come no es fruto del ocio"*
> *(Proverbios 31:25-27 NVI).*

Sigue empujando, sigue siendo persistente, sigue creyendo, confía en Jesús, ¡porque tu rompimiento está a la vuelta de la esquina! ¿Has estado sintiendo mucha opresión, ansiedad y falta de entusiasmo? Es porque el diablo sabe que estás a punto de recibir bendiciones y él no puede detenerlas, porque sabe que no tiene autoridad, eres hija de un Rey. Él está tratando de traer una atmósfera de opresión y hostilidad a tu trabajo, a tu hogar, en tu matrimonio, con tus hijos, en tu ministerio, a tu misión terrenal, etc., pero no puede porque hay cielos abiertos sobre tu vida. Estás a punto de recibir rompimientos sobrenaturales en tu vida espiritual: en las finanzas, el matrimonio, el lugar de trabajo, por la gente que has orado, tus hijos, tu familia y tus amigos están a punto de tener un encuentro con el Dios todopoderoso. Mantente firme en tus sueños, una imagen vívidamente concebida y obstinadamente sostenida tiene una realidad propia.

"Mantente firme en tus sueños, una imagen vívidamente concebida y obstinadamente sostenida tiene una realidad propia".

Los atletas utilizan imágenes constantemente; por ejemplo, ¿alguna vez has visto a un campeón saltador o una campeona saltadora de altura justo antes de que él/ella haga el salto? Pues, él/ella mira fijamente al suelo por un largo tiempo antes de correr visualizándose saltando exitosamente sobre la barra. Uno debe creer que la meta se alcanzará para que eso pueda manifestarse en el mundo natural. La Palabra de Dios dice que todo es posible para los que creen y que sin fe es imposible agradar a Dios. La duda es el enemigo de la fe. Una persona no puede morir de exceso de trabajo, pero se ha sabido de muchos que han muerto de duda. La duda bloquea el flujo de poder. Si rechazas el poder de Dios por medio de la fe, entonces estás rechazando todo; incluyendo tu propia importancia y la razón de tu propia existencia.

Vivir en tu propósito

Todo el mundo tiene un propósito en la vida, y dentro de ese propósito hay un talento único que espera ser despertado, expresado y compartido con el mundo. Cuando vemos a alguien vivir su propósito, nos da inspiración. Cuando no sigues tu llamado, no estás maximizando tu potencial y te sientes como si te estuvieras privando de ser quien fuiste creada para ser. No saber por qué estás en la tierra afectará tu felicidad, tus relaciones, tu salud; y es muy deprimente. Sin embargo, cuando encuentres tu propósito, te sentirás libre y sentirás una paz que sobrepasa todo entendimiento que el mundo no puede dar; sino sólo Dios.

Debes tomar tiempo para identificar cuál es tu propósito y esforzarte por vivir cada día cumpliéndolo. Si hasta ahora no has descubierto cuál es tu misión terrenal y no tienes una visión clara de ella, no te preocupes, todo lo que tienes que hacer es buscar a Dios. "Más buscad primeramente el reino de Dios y su justicia, y todas estas cosas os serán añadidas" (Mateo 6:33 RVR1960). ¡El nombre más poderoso en el Cielo, en la Tierra, y temido en el infierno es JESÚS! En hebreo significa salvación, rescatar, sanar, liberar, conquistar victorias y muchas cosas más. Este nombre significa todo y hace que todo suceda. "Él es la imagen del Dios invisible, el primogénito de toda creación. Porque en él fueron creadas todas las cosas, las que hay en los cielos y las que hay en la tierra, visibles e invisibles; sean tronos, sean dominios, sean principados, sean potestades; todo fue creado por medio de él y para él. Y él es antes de todas las cosas, y todas las cosas en él subsisten..." (Colosenses 1:15-17 RVR1960).

"Dios necesita que manifiestes Su Reino en la tierra en el lugar donde estás".

Hay tres voces que te hablan, la de Dios, la del diablo y la tuya. ¿Sabes cuál voz te habla? Debes de saber identificar cada una de esas tres voces. Para lograrlo tienes que tener una relación con Dios; a través de la oración, la lectura de la Biblia, y el ayuno, de lo contrario no podrás saber con certeza cuál de las tres voces te está hablando. No importa si eres una ama de casa, estudiante, si trabajas o si eres una profesional; Dios necesita que manifiestes Su Reino en la tierra en el lugar donde estás. Quizás fuiste llamada para predicar a las naciones, predicarle a tus familiares y amigos, o para ser luz en tu lugar de trabajo.

No importa el lugar donde estés, puedes ser la luz justo donde estás. Él te necesita en esa posición para difundir, ¡el Evangelio de la Salvación y la esperanza! Una vez oí a un predicador decir, que queremos estar llenos de la unción de Dios y cuando la conseguimos, nos damos cuenta de que hay muchas personas en necesidad a nuestro alrededor y luego nos quejamos. Cuando el propósito de la unción es para ayudar a los necesitados, para ser de bendición para los demás. Jesús vino a la tierra para servir. Debemos seguir Su ejemplo, pues Él es nuestro Padre.

Las Tres Voces

1-*La Voz de Dios*: Te dará paz.
2-*La Voz del diablo*: Te presionará para que tomes una decisión o acción rápida.
3-*Tu Voz*: Te hará notar que estás indecisa; no sabrás la decisión que debes de escoger.

Llamadas a manifestar la gloria de Dios

¿Cómo podemos traer gloria a la tierra? Llevándole la salvación a los perdidos, la sanidad a los heridos, la liberación a los atados y a los encadenados y la restauración a los quebrantados. Muchas personas se sienten inaceptables, inseguras y sin valor, pero Dios nos ama incondicionalmente. Todo lo que creó no sólo lo llamó bueno, sino, ¡MUY BUENO! "Y vio Dios todo lo que había hecho, y he aquí que era bueno en gran manera…" (Génesis 1:31 RVR1960). Dios no va a esperar hasta que tengas los recursos, el trabajo, o el esposo, ¡Él está listo para usarte ahora! Dios no se preocupa por tu identidad, tus ingresos o tu influencia, Él es todopoderoso y soberano. Él puede hacer de lo imposible, lo posible.

¡Fuimos llamadas a conquistar, a ser victoriosas, y a tener dominio sobre todas las áreas de nuestras vidas! "Y creó Dios al hombre a su imagen, a imagen de Dios lo creó; varón y hembra los creó. Y los bendijo Dios, y les dijo: Fructificad y multiplicaos; llenad la tierra, y sojuzgadla, y señoread en los peces del mar, en las aves de los cielos, y en todas las bestias que se mueven sobre la tierra" (Génesis 1:27-28 RVR1960). Sin embargo, el pecado entró en el mundo cuando Adán escuchó a Satanás en lugar de a Dios (Génesis 3:1-6). Como consecuencia, la autoridad de Adán fue entregada completamente a Satanás para gobernar la tierra, una autoridad que Dios había dado originalmente a Adán. Sin embargo, tenemos un gran Dios cuyo amor sobrepasa todo entendimiento; por medio de la muerte de Jesús en la cruz, Él tomó la autoridad de Satanás y nos redimió. Por lo tanto, Satanás ha perdido autoridad sobre aquellos que han aceptado a Jesús como Señor y Salvador. ¡Hay poder en el nombre de JESÚS!

Sé dirigida por el Espíritu

Una mujer dirigida por el espíritu obedece a Dios. ¿Puedes pensar en algún momento en que Dios te ha pedido hacer algo que nunca esperabas hacer? Pues María se sorprendió mucho cuando el ángel le dijo que daría a luz al Hijo de Dios (Lucas 1:26-34). Sin embargo, la confianza de María en Dios fue mayor que sus temores, su obediencia y cooperación con los planes de Dios y su misión terrenal es un gran ejemplo para seguir. Sigue confiando en Dios en tiempos de incertidumbre y permite que Dios trabaje en ti como Él quiere. ¡Comprende que todos Sus planes para ti son extraordinarios! ¡Cuando tengas duda y te falte la fe, sigue confiando en Dios! "El que tiene mis mandamientos, y los guarda, ése es el que me ama; y el que me ama, será amado por mi Padre, y yo le amaré, y me manifestaré a él" (Juan 14:21 RVR1960). Confía en Dios para que el día en que finalmente veas al Señor cara a cara, con satisfacción escuches cuando Él te diga: "… ¡Hiciste bien, siervo bueno y fiel! Has sido fiel en lo poco; te pondré a cargo de mucho más. ¡Ven a compartir la felicidad de tu señor!" (Mateo 25:23 NVI).

¡Para un gran llamado, necesitarás una gran preparación!

"…yo les enviaré lluvia a su tiempo…" (Levítico 26:4 NVI). El buen plan de Dios toma tiempo y muchas veces más tiempo de lo que esperamos. Debemos aprender a esperar la temporada correcta para recibir las bendiciones que estamos esperando; pero mientras tanto debemos concentrarnos en nuestra preparación para estar listas para esa temporada tan deseada. La preparación requiere pasar tiempo con Dios en oración, leer la Biblia, ayunar y permitir que Su Espíritu Santo sea la guía en todas las áreas de tu vida. La fe, la persistencia y la disciplina te ayudarán a llegar a tu destino profético. El éxito no es algo que sucede de la noche a la mañana; se necesita mucho trabajo y dedicación. Debes despertar cada día buscando maneras de cómo cumplir tu llamado en Dios. ¡A pesar de que sólo eres una persona, puedes hacer la diferencia! Para cumplir una gran vocación, necesitarás una gran preparación. Pero puedes asegurarte de que cuando Dios te pida que hagas algo, la victoria estará segura.

"Después de abrirle mi corazón al Señor, mis pesadillas se convirtieron en hermosos sueños".

Todo comenzó a los 10 años, mi casa se convirtió en un infierno. Mi mamá se había vuelto a casar y mi padrastro era un hombre violento y despiadado. Mi hermano Luis ya había nacido; de hecho, parecemos gemelos. Él es alto, hermoso y recibe revelaciones a través de sueños. Recuerdo que cuando él tenía tres o cuatro años mi madre nos dejó sólos porque tenía que hacer unas diligencias. Luis tenía una bolsa de papitas en las manos y en cuestión de segundos su rostro cambió y se puso rojo porque se estaba asfixiando. Lo volteé boca abajo y le di a su espalda varias veces, hasta que él pudo respirar de nuevo. Desde entonces, siempre he pensado que Dios me ha puesto en su vida para protegerlo. Unos años después nació mi segundo hermano Evelio, tuve que aprender el lenguaje de señas para poder comunicarme con él, ya que había nacido sordomudo. Sus hermosos ojos azules traen inspiración a mi vida y me motivan a continuar hacia adelante. Él es un guerrero en la oración y tiene la fe y la esperanza de que un día podrá escuchar y hablar. Me sentía sola en la casa, ya que mis hermanos eran muy pequeños para entender lo que estaba pasando. Mi madre vivía en una depresión sin fin; estaba débil físicamente, emocionalmente, espiritualmente y mentalmente para proveer mis necesidades; estaba quebrantada. A la edad de 18 años estaba completamente destruida, emocional y espiritualmente. Después de todo lo que pasé, al ver a mi madre ser golpeada constantemente, estaba temerosa, traumatizada y aterrorizada. No confiaba en nadie, no quería casarme, ni tener hijos. Pensé que tener una carrera profesional ayudaría la área dolorosa de mi vida; pero estaba equivocada. Aunque pude alcanzar mi sueño de ser una periodista, todavía me sentía vacía y así seguía cada día que pasaba.

Por la noche me atormentaban pesadillas, eran sueños en los que mi padrastro abusaba físicamente de mi madre. Todo esto me hizo más fría; tenía miedo de amar y de expresar mis sentimientos y ser traicionada. Después de abrirle mi corazón al Señor, mis pesadillas se convirtieron en hermosos sueños. Jesús solía aparecer en mis sueños o mostrarme cosas que iban a ocurrir en mi vida. Nuestro Dios es fiel, lo que el diablo hizo para mal, el Señor lo convirtió para el bien. Dios convierte nuestras debilidades en nuestras fortalezas. ¡Lo que te causó dolor y daño, ahora Él lo usará para Su gloria! ¡Nuestro Dios es justo y Él hará justicia en tu vida!

Dios habla por sueños

En la noche del 5 de septiembre del 2013, oí claramente la voz de Dios en un sueño: "YO SOY JEHOVÁ Y TE HABLO A TRAVÉS DE LOS SUEÑOS". ¡Me sorprendí! ¡Qué! ¡El Creador de todo lo que existe está hablando con Madelyn! Estaba tan feliz que Él tenía un interés especial en mí, porque desde mi infancia me había sentido desvalorizada. Muchas veces en mi adolescencia pensé en suicidarme. Tenía todo planeado en mi mente, sentarme dentro de la bañera dejar correr el agua y cortarme la muñeca con una navaja. Lloraba todo el tiempo, sintiéndome impotente, desesperanzada y miserable con la violencia en la casa; pero ahora, estaba feliz con mi nueva forma de comunicación con Dios, pero al mismo tiempo le pregunté: "¿Dónde has estado todos estos años? Y ¿Por qué apareces ahora?" Eventualmente el Señor respondería a mis preguntas a través de sueños y visiones. Una vez soñé que estaba en la casa donde crecí, me gusta decirle la casa *embrujada*, y en el sueño vi que Dios me hacía cosquillas en el estómago mientras dormía en la cama. Su mano grande penetró a través del techo y eventualmente llegó a mi cama. En ese momento, finalmente comprendí que nunca he estado sola, el Padre, el Hijo y el Espíritu Santo siempre han estado conmigo.

Madelyn Rodríguez

El desierto te conectará al propósito

En el año 2014, comencé a escribir mi primer libro titulado *Las escaleras hacia el cielo: Cómo Dios habla a través de los sueños, visiones y revelaciones.* Dios me hablaba todas las noches, dejándome poco tiempo para dormir. Podía oír Su voz y verlo a través de visiones y sueños. En un momento pensé que me estaba volviendo loca. Pensaba, "¿Cómo voy a poder publicar un libro sin dinero?" En cuanto a la escasez de dinero, ya estaba acostumbrada; cuando asistía a la universidad y trabajaba a tiempo parcial en una tienda de ropa, sólo ganaba lo suficiente para pagar el transporte y me sobraban unos dólares. Al tomar muchas clases por semestre, las horas en mis clases variaban; algunas eran en la mañana y las otras en la noche, obligándome a permanecer todo el día en la universidad. Sólo tenía para dos cafés de tamaño regular uno para el desayuno y el segundo en el almuerzo, hasta que llegará a la casa tarde por la noche para comer una comida casera de mi madre.

Estaba tan ansiosa de terminar la universidad, que incluso me matriculé en clases de verano e invierno para graduarme lo antes posible. Sabía que después de obtener un título universitario, mi vida mejoraría. Pues estaba cansada de vivir en los proyectos, temerosa de caminar sola, temiendo que alguien me hiciera daño. Me entristecía ver tantas vidas desperdiciándose en mi vecindario con los traficantes de drogas en las esquinas, las adolescentes embarazadas y otros abandonaban la escuela secundaria. Sabía que había una misión en mi vida, pero también sabía que quería ayudar a otros a encontrar las de ellos.

> *"Cuando Dios nos elige para una misión, Él también tiene sentido del humor. Le encanta ver nuestras reacciones".*

Estaba confundida, no entendía por qué Dios me estaba enviando a escribir un libro si Él sabía que yo no tenía los recursos financieros. Llamé a varias casas editoriales para pedir ayuda y no aceptaban nuevos libros durante ese tiempo, y sus precios eran muy costosos. Siempre será la gente que menos esperas, la que te ayudará a cumplir tu propósito divino. Así paso con una amiga, ella me dijo como podía publicar mi libro de una manera asequible. Cuando Dios nos elige para una misión, Él también tiene sentido del humor. Le encanta ver nuestras reacciones. Aprenda a confiar en Dios en su proceso. "Pues yo sé los planes que tengo para ustedes — dice el SEÑOR—. Son planes para lo bueno y no para lo malo, para darles un futuro y una esperanza" (Jeremías 29:11 NTV).

¡Prepárate para el aumento!

Cuando Dios te llama, Él provee los recursos y multiplica lo que está en tus manos. ¡Nuestro Dios es un Dios de multiplicación! "Entonces mandó a la gente recostarse sobre

Madelyn Rodríguez

la hierba; y tomando los cinco panes y los dos peces, y levantando los ojos al cielo, bendijo, y partió y dio los panes a los discípulos, y los discípulos a la multitud. Y comieron todos, y se saciaron; y recogieron lo que sobró de los pedazos, doce cestas llenas. Y los que comieron fueron como cinco mil hombres, sin contar las mujeres y los niños" (Mateo 14:19-21 RVR1960). Después de pasar por tanta angustia por miedo a escribir un libro cristiano, ya que estaba lejos de ser una teóloga, decidí poner mi confianza en el Espíritu Santo como mi guía. Decidí permanecer obediente a la voz de Dios. "...Ciertamente el obedecer es mejor que los sacrificios..." (I Samuel 15:22 RVR1960).

Puesto que tuve que hacer todo por mi cuenta, pasé largas horas aprendiendo a escribir un libro. Cuando terminé, había obtenido una gran cantidad de información acerca de libros. Estaba tan feliz con mi nuevo talento que empecé a escribir libros para amistades y ellos quedaban felices con los resultados. Entonces decidí convertir mi pasión de escribir en una empresa. Mi empresa fue nombrada en honor a mi primer libro. Dios te ha dado algo para multiplicar: dones, palabras, talentos y oportunidades. Dios te está preguntando hoy, ¿puedes manifestar lo que he depositado en ti?

"Dios te ha dado algo para multiplicar: dones, palabras, talentos y oportunidades".

"Y Dios proveerá con generosidad todo lo que necesiten. Entonces siempre tendrán todo lo necesario y habrá bastante de sobra para compartir con otros" (2 Corintios 9:8 NTV).

Oración

Mi Señor, te pido que me ayudes a descubrir la misión que tienes para mi vida. Sé que antes de la creación ya tenías un plan y un propósito para mí. Entiendo que mi misión es importante y que muchas vidas dependen de ella. Como mi familia, mis amigos, mi esposo, mis hijos e incluso personas que aún no conozco; pero que esperan ansiosamente que mi llamado se manifieste en el mundo natural.

Madelyn Rodríguez

Capítulo 2

Prioridad número uno, Dios

"**Busca su voluntad en todo lo que hagas, y él te mostrará cuál camino tomar**" (Proverbios 3:6 NTV). Cuando pones a Dios primero no tienes que preocuparte por buscar las bendiciones, ¡Ellas te seguirán! "Pon todo lo que hagas en manos del SEÑOR, y tus planes tendrán éxito" (Proverbios 16:3 NTV).

¡Jesús te ama!

En la noche del 15 de enero del año 2014, cuando llegué a casa, me acosté en mi cama para hablar con Dios. De repente, tuve una visión; vi a Jesús en el suelo. Su rostro y cuerpo entero estaban cubiertos en sangre, Jesús fue golpeado y desfigurado más allá del reconocimiento, Él no parecía humano. Él dijo: "**¿SABES LO QUE SE SIENTE TOMAR TU ÚLTIMO RESPIRO A LATIGAZOS? HASTA POR LOS OJOS ME DIERON LATIGAZOS**". Cuando me miró, trató de abrir los ojos, pero no podía hacerlo plenamente, ya que era demasiado doloroso. "**ELLOS NO DEJARON UN LUGAR EN MI CUERPO DONDE NO FUERA AZOTADO**". Le pregunté, "¿Por qué permitió que le hicieran eso?" Él respondió: "**MORÍ EN LA CRUZ PARA QUE ENTIENDAN MI AMOR POR LA HUMANIDAD**". Comencé a llorar desesperadamente y le dije a Jesús: "¡Por favor, quité esta visión; es demasiado fuerte!" Mi espíritu estaba en duelo como nunca lo había estado. Nunca había sentido tanta tristeza, ni había experimentado tanto dolor emocional y espiritual en mi vida. Cada vez que recuerdo la visión, mi espíritu se entristece en gran manera. "Porque tanto amó Dios al mundo que dio a su Hijo unigénito, para que todo el que cree en él no se pierda, sino que tenga vida eterna. Dios no envió a su Hijo al mundo para condenar al mundo, sino para salvarlo por medio de él" (Juan 3:16-17 NVI).

El Espíritu Santo, nuestro Ayudante y Consolador

Mi mayor pasión era convertirme en periodista, pero todavía sentía un vacío por dentro. Me encantaba ir a las librerías y leer todo tipo de libros mientras bebía café, pero rechazaba la Biblia; no entendía su contenido y no le encontraba el sentido o la lógica de que fue escrita por hombres inspirados por el poder del Espíritu Santo. A mí me gustaban los libros acerca de motivación, filosofía y otros temas. Finalmente, llegué a la conclusión de que Jesús no era Dios, sino un profeta como lo identifican en otras religiones. Estaba muy confundida espiritualmente. Un día, desesperada, grité: "¡Jesús, si realmente existes, manifiéstate en mi vida!" La Palabra dice, "Clama a mí y te responderé, y te daré a conocer cosas grandes y ocultas que tú no sabes" (Jeremías 33:3 NVI). Unas semanas más tarde, llegué a la tienda de libros habitual, pero esta vez cogí un libro que me ayudaría a entender las historias bíblicas.

Semanas más tarde, me invitaron para hacer un segmento de televisión en la casa de un amigo. Fue en el otoño del año 2010 y estaba emocionada de ¡finalmente tener la oportunidad de estar en la televisión! Estaba como una muñeca vestida con un traje hermoso y mi maquillaje estaba impecable, ¡quería verme bella! Sin embargo, no tenía la menor idea de que mi vida cambiaría para siempre después de ese día. Hermanos y hermanas de su iglesia comenzaron a llegar, era noche de oración en su casa. Cuando escuché cómo oraban en el espíritu con tanta convicción de que Dios estaba escuchando, caí de rodillas y comencé a llorar; lloré tanto que el maquillaje se borró de mi rostro. Esa noche me invitaron a su iglesia. El día que llegué a la iglesia oraron por mí, y al instante el Espíritu Santo me envolvió en Su gloria y caí al suelo. Una paz sobrenatural se apoderó de mí, postrada en el suelo durante varios minutos. Cuando me levanté, me sentí como una nueva persona; como si la vieja yo, ya no existiera. A partir de ese momento, mi vida fue transformada para siempre.

YHVH significa "YO SOY"

YO SOY es el nombre de nuestro Eterno Dios. Cuando hablas de ti, estás diciendo Su nombre primero. Tu **Yo Soy** existe porque Dios existió primero, Él es el **YO SOY** de toda existencia. Por ejemplo, cuando dices tu nombre es seguido por **"Yo Soy"**, o cuando dices **"Yo Soy feliz"** o **"Yo Soy una infeliz"**. Dios está en cada parte de nuestras vidas, Él está preocupado de cada detalle de nuestra existencia. Incluso en las cosas que podemos considerar los aspectos más pequeños de nuestras vidas, Él está allí. Así que ten cuidado de cómo te describes porque al hacerlo, también estás describiendo a Dios. ¡Tener una relación con Dios es todo! ¡Dios está apasionado de tener una relación con contigo! Sólo Dios conoce nuestra misión terrenal. Por lo tanto, debemos buscarlo para entender Su plan sobre nuestras vidas. Sin embargo, muchas personas primero buscan posesiones materiales, una carrera, etc., creyendo que esas cosas les dará la satisfacción que su alma necesita tan desesperadamente. Cuando dependes de Dios, Él te coloca en posiciones que nunca imaginaste y abre sobrenaturalmente la puerta de la prosperidad en todas las áreas de tu vida. Dios quiere que vivas una vida de abundancia, alegría y paz. "No se inquieten por nada; más bien, en toda ocasión, con oración y ruego, presenten sus peticiones a Dios y denle gracias. Y la paz de Dios, que sobrepasa todo entendimiento, cuidará sus corazones y sus pensamientos en Cristo Jesús" (Filipenses 4:6-7 NVI).

¿Te sientes menospreciada?

Rut era de una de las naciones paganas, llamada Moab. Se casó con el hijo de una familia israelita y finalmente su suegro, su marido y el único hermano de su esposo fallecieron. Rut se convirtió en una viuda que tenía que tomar la decisión de ir con su suegra Noemí a Judá, un lugar en el que nunca había estado o quedarse en Moab. Pero Rut fue fiel, amó a su suegra y tuvo gran compasión por ella; así que regresaron a Judá, a la ciudad de Belén. Aunque Rut venía de descendencia pagana, una vez que se enteró del Dios de Israel, ella sabía que Él era el verdadero Dios viviente. Rut le dijo a Noemí, "… ¡No insistas en que te abandone o en que me separe de ti! Porque iré adonde tú vayas, y viviré donde tú vivas. Tu pueblo será mi pueblo, y tu Dios será mi Dios" (Rut 1:16 NVI). Rut era una extranjera vulnerable que demostró un valor extraordinario. Aunque Rut no era judía, Dios la amó. Él no está interesado en tu nacionalidad, raza o estatus social. Sin embargo, hay muchas religiones falsas que a lo largo de los siglos a menudo elevan a los hombres y deshonran a las mujeres. En los ojos de Dios somos todos iguales hombres y mujeres, "Porque con Dios no hay favoritismos" (Romanos 2:11 NVI). Dios vio a Rut como importante, por lo tanto, haciéndola parte del linaje de Jesús (como la abuela del rey David). Dios no está interesado en tus antecedentes, Él es un experto en usar personas que se consideran menospreciadas o sin importancia, según la perspectiva de los seres humanos.

Madelyn Rodríguez

> *"Aunque Rut no era judía, Dios la amó. Él no está interesado en tu nacionalidad, raza o estatus social".*

¡Qué maravilloso es Dios! Tenía todo planeado para la vida de Rut, quien, aunque había sufrido una gran pérdida y estaba en una tierra desconocida, Él le recompensó su fidelidad, lealtad y humildad. Se casó con un hombre rico e influyente que se enamoró de su amabilidad hacia Noemí y su carácter de seguir adelante como una mujer trabajadora. En el campo, ella recogía los tallos de grano que caían detrás de los segadores que reunían la cosecha. Booz se convirtió en su protector y cuidó de ella: Dios le restauró la vida. Ella dejó sus costumbres idolatras y fue capaz de superar su pasado rindiéndole su vida al Dios vivo. Rut fue criada en una cultura pagana, pero después de conocer al verdadero Dios, estaba decidida a mostrar su fe, dejando a su propio pueblo y viviendo en Belén, el lugar donde nuestro Señor Jesús iba a nacer. No importa cuál sea tu descendencia, tus tradiciones, tu religión, tus creencias o cómo te criaron, Dios quiere tener una relación contigo. Él quiere que lo conozcas para que Él te guíe a Su perfecta voluntad. De la misma manera que Rut tuvo el coraje de dejar de adorar a los ídolos, todos debemos seguir sus pasos. A veces estamos adorando ídolos y ni siquiera lo sabemos. Un ídolo es algo que se pone primero que Dios. ¡Sólo Dios puede ocupar el primer lugar en nuestras vidas, le debemos todo lo que somos o tenemos a Él! Analiza hoy por un momento y pregúntate, ¿cuáles son mis ídolos? ¿qué me impide poner a Dios primero en mi vida? Un trabajo, un hombre, dinero, mi orgullo, la brujería, la lectura de la palma de la mano, las cartas del tarot, etc.

¡Grita eres libre!

Amanda Smith (1837-1915) fue una renombrada mujer afroamericana nacida en Maryland, una esclava que sin educación formal predicó e hizo trabajo misionero en muchos países. Aunque era viuda, depositó su confianza en Dios y se involucró profundamente en las actividades relacionadas a la iglesia. La oración era un modo de vida para ella y por medio de la oración tenía una fuerte relación con Dios. Su poder espiritual atrajo a grandes audiencias; la multitud se sorprendía de sus canticos hermosos y de sus palabras cautivadoras. El Espíritu Santo le proporcionaba las palabras necesarias para que ella hablará y pudiera predicar el Evangelio con sabiduría. Una relación con Dios te proveerá los recursos que te faltan y te dará fuerzas a través de tus debilidades.

Camina con el Espíritu Santo

Kathryn Kuhlman, (1907-1976) nacida en Missouri de padres alemán-americanos, fue una evangelista americana que fluía en el don de sanidad. Ella era conocida como una mujer dirigida por el Espíritu que empoderaba a las mujeres para

Madelyn Rodríguez

que siguieran su propósito en Jesús. Tenía un poderoso ministerio de sanidad. Miles asistían a los servicios y a través de libros, radio y televisión, alcanzó a millones. Sin embargo, nunca dejó de enfatizar que la salvación del alma era el mayor de todos los milagros. Kathryn Kuhlman reconoció que no era teóloga, que no había recibido ningún entrenamiento teológico, pero que todo su aprendizaje provenía de su relación con el Espíritu Santo. Ella se dio cuenta de que, al honrar el Espíritu Santo, las sanidades ocurrían por si solas en los servicios.

No eres huérfana tienes un Padre Celestial

Una noche, mientras dormía en el suelo, le dije a Dios que quería que se apareciera porque me sentía muy triste, ¿y sabes lo que sucedió? ¡Él se apareció! Esa noche en un sueño lo vi con una larga túnica blanca, un cinto de oro en el pecho y su rostro brillaba intensamente. Extendió Su mano y dijo: **"NO TE PREOCUPES MI HIJA"**. Después de escuchar esas hermosas y dulces palabras que salieron de Su boca, mi mundo cambió. Instantáneamente, se llenó el vacío que había tenido por la pérdida de mi Padre, y por el sentimiento de abandono, rechazo y soledad. Fue muy difícil vivir sin un padre, y peor aún, con un padrastro que era todo lo contrario de lo que un buen padre debería ser. Mi Padre Celestial me llamó, *Hija*. ¡Qué maravilloso! ¡El espíritu de orfandad se fue! Tienes que creer que eres hija de un Rey que está sentado en un Trono y reina con autoridad y poder. Él te ama con todo Su corazón y quiere traer restauración a tu vida. Independientemente de lo que hayas vivido, existe un final a tu sufrimiento. Jesús murió hace unos 2,000 años en la cruz del Calvario, así que hoy puedes declarar con autoridad que por *Sus Llagas* eres sanada. ¡Dios quiere que vivas victoriosamente en todas las áreas de tu vida! Has sido creada para recibir lo que Dios predestinó para tu vida desde antes de la creación. ¡La fe es ahora!

La plenitud viene de Dios

Necesitamos a Jesús en el centro de todo. Independientemente de un alto estatus social y/o títulos universitarios, aún hay profesionales que están sufriendo por causa de la falta de perdón, la raíz de amargura, el orgullo, la depresión, el alcohol, las drogas y problemas de confianza (Dios puede darte discernimiento). La verdad es que no puedes cumplir todo tu potencial sin Dios. Puedes ser buena en una o dos áreas, pero Dios es el único que puede traer la plenitud a tu vida. Ahora si estas en Cristo todo tu mundo puede estar hecho pedazos, pero solo Él te dará la paz que sobrepasa todo entendimiento que el mundo no te puede dar. Quizás tengas el dinero, las conexiones, la fama, la belleza, etc., pero ¿qué pasa con tu alma, con tu vida espiritual? Hay muchas mujeres talentosas y poderosas, con problemas emocionales que desesperadamente necesitan a un Salvador.

Oración

Señor, ayúdame a entender que mi relación Contigo es prioridad, porque de acuerdo a mi relación Contigo, de ahí dependerá el éxito de mis otras relaciones. Si tengo una buena relación Contigo, seré una mejor hija, madre, esposa, hermana, prima, amiga y compañera de trabajo, etc. ¡Jesús, hoy reconozco que no puedo continuar sin tener una relación Contigo!

Capítulo 3

El poder de la oración

Madelyn Rodríguez

La oración es tener una relación amorosa con el creador de los cielos y la tierra. La oración es hablar con Dios. No es suficiente saber acerca de Dios, saber que Él existe. Tener una relación personal con Él hace toda la diferencia en tu vida. Puedes orar a solas, en la iglesia, o en un grupo. Puedes orar en cualquier lugar y en cualquier momento. Puedes orar en voz alta o en silencio. La oración te lleva al poder y a la victoria de Cristo; sin la oración, Satanás sabe que vas a ser derrotada y vencida. No subestimes el poder de la oración. La oración significa tener una conversación con Dios, y es la única conversación que trae medicina al alma. ¡La oración lo es todo, hay poder en la oración! La oración cambia la atmósfera trayendo la fe, la esperanza, y la unidad durante tiempos difíciles. La ciencia demuestra que la oración sana; la gente sufre menos de enfermedades mentales, menos estrés, y viven vidas más felices. La oración te alineará a la voluntad de Dios, ya que en muchas situaciones de la vida no conocemos la voluntad de Dios hasta que oramos. La oración no consiste tanto en cambiar la mente de Dios, sino en ponernos en alineación con el corazón de Dios. La oración no es complicada; piensa en ella como si estuvieras hablando con alguien de tu confianza.

Diferentes tipos de oraciones

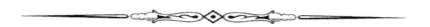

Oración de Fe: "Si ustedes creen, recibirán todo lo que pidan en oración" (Mateo 21:22 NVI). Cuando oramos, debemos creer en el poder de Dios, con el entendimiento de que lo que es imposible para el ser humano es posible para Dios. La Biblia dice para los que creen todas las cosas son posibles (Marcos 9:23). Sin fe es imposible agradar a Dios (Hebreos 11:6). ¡Nunca olvides que no hay nada imposible para Dios!

La Oración de Adoración: Es el momento en que reconoces Su magnificencia; consiste en alabarlo por lo que es y no por lo que Él puede hacer por ti. El Señor será alabado porque Él es el único Dios que creó los cielos y la tierra. Confiesa tus pecados, da gracias por todas Sus bendiciones sobre tu vida y expresa tu amor por Él.

Oración de Intercesión: La oración intercesora es un asunto serio. Este tipo de oración es la clave para ver rompimientos en tu vida y en las vidas de los que te rodean. La oración intercesora es una oración que no se rinde. La parábola de la persistencia se menciona en Lucas 11 donde vemos a un amigo que llama a la puerta de su vecino a medianoche para pedir tres panes. El vecino no quiere levantarse, pero Jesús dijo: "Les digo que, aunque no lo haga por amistad, si sigues tocando a la puerta el tiempo suficiente, él se levantará y te dará lo que necesitas debido a tu **audaz insistencia**" (Lucas 11:8 NTV). La intercesión es guerra, pero el campo de

Madelyn Rodríguez

batalla no es de esta tierra. La Palabra de Dios dice, nuestra lucha no es contra los seres humanos, "Pues no luchamos contra enemigos de carne y hueso, sino contra gobernadores malignos y autoridades del mundo invisible, contra fuerzas poderosas de este mundo tenebroso y contra espíritus malignos de los lugares celestiales" (Efesios 6:12 NTV). La oración intercesora tiene lugar en el ámbito espiritual donde las batallas por nuestras propias vidas, las de nuestras familias, de nuestras amistades y nuestra nación son ganadas o perdidas; por eso, debemos continuar en la oración creyendo que nuestro Señor escucha las peticiones de nuestro corazón y a su tiempo se manifestarán en el mundo natural.

Oración en el Espíritu: La oración es nuestro mayor privilegio cristiano, pero fracasamos más en nuestra vida de oración que en cualquier otro lugar. Dios sabe esto, así que Él nos ha dado a el Espíritu Santo nuestro Ayudador, Él es esencial en nuestra vida de oración. "Así mismo, en nuestra debilidad el Espíritu acude a ayudarnos. No sabemos qué pedir, pero el Espíritu mismo intercede por nosotros con gemidos que no pueden expresarse con palabras. Y Dios, que examina los corazones, sabe cuál es la intención del Espíritu, porque el Espíritu intercede por los creyentes conforme a la voluntad de Dios" (Romanos 8:26-27 NVI). Para la persona que está llena del Espíritu, es tan natural decir, "Abba Padre", y alabarlo y adorarlo. Cuando el Espíritu Santo está dentro de ti y no estás caminando en la carne, el orar es tan normal como respirar. El Espíritu Santo activa nuestra voluntad para orar. Cuando estés llena del Espíritu Santo, vas a querer orar, ya que la mente carnal es enemistad con Dios. Cuando oras, ¿alguna vez te has cansado o no puedes concentrarte? Eso es porque nuestra carne es débil y necesitamos ayuda. Cuando estás orando en el Espíritu, el Espíritu Santo ora junto contigo. No puedes hacerlo sin Él. El Espíritu Santo quiere pensar a través de nuestras mentes, llorar a través de nuestros ojos y hablar a través de nuestros labios. "Pues, si alguien tiene la capacidad de hablar en lenguas, le hablará solamente a Dios, dado que la gente no podrá entenderle. Hablará por el poder del Espíritu, pero todo será un misterio" (1 Corintios 14:2 NTV). Hablar en lenguas es la evidencia inicial del ser llenados del Espíritu Santo. Dios nos ha dado este maravilloso regalo espiritual para bendecirnos y edificarnos a lo largo de nuestras vidas en esta tierra. "Y fueron todos llenos del Espíritu Santo, y comenzaron a hablar en otras lenguas, según el Espíritu les daba que hablasen" (Hechos 2:4 RVR1960).

Jesús apareció mientras oraba

En mis comienzos como creyente, no sabía mucho acerca de la oración. Una vez durante una noche de oración en una iglesia, muchos oraban con tanta pasión y declaraban versículos de las Escrituras. Yo, por otro lado, no tenía idea de cómo empezar a orar. Así que hice lo que mejor sabía, decir el nombre de Jesús una y otra vez en mi mente. Pero esta vez no fue como las veces anteriores, ocurrió algo muy inusual. De repente, mientras mis ojos estaban cerrados, una persona traspasa las puertas de cristal de la iglesia, venía vestido de una larga túnica blanca y un manto blanco sobre la cabeza. Esta persona estaba flotando en el aire; luego, en cuestión de segundos esta persona estaba cara a cara conmigo.

Se quitó Su manto y Su rostro era más brillante que el sol en su día más radiante y Sus ojos eran como llamas de fuego (Apocalipsis 1:12-15). Por un momento me miró a los ojos, pero yo no podía mirarlo por mucho tiempo, debido a la intensidad del fuego que salía de Sus ojos. Entonces Su mano derecha tocó mi espalda soltando un fuego dentro de mi cuerpo. El calor era tan intenso, que me sentía como si estuviera dentro de un horno. El calor seguía aumentando y empecé a preocuparme, pero en ese momento mi cuerpo se enfrió rápidamente. Fue entonces cuando me di cuenta de que era Jesús, y le dije: "¡Llévame contigo!", pero ya era demasiado tarde, Él se había ido.

Tienes que ser una persona determinada

Ana era una mujer estéril que derramó su corazón día y noche a Dios en el Templo con la fe de que un día Dios le concedería la petición de su corazón. Le suplicó al Señor por un hijo; Ana fue perseverante. Ella conocía el poder de la oración y nunca se detuvo hasta alcanzar la bendición. A cambio, ella prometió dedicar el niño al servicio de Dios. Su hijo nació, y ella cumplió su promesa. Su hijo creció y fue el profeta Samuel; uno de los hombres más influyentes de la Biblia. El nombre de Samuel significa "Dios escucha". La oración ferviente de Ana nos enseña que la constante fidelidad y la oración persistente reciben la atención de Dios (I Samuel I).

Orar por discernimiento

Cindy Jacobs, siendo ama de casa, fue llamada por Dios como profetisa a las naciones. Ella ha hablado ante cientos de miles, incluyendo líderes de muchas naciones. Cindy Jacobs es profetisa, maestra, oradora y autora; y ama enseñar sobre la oración y lo profético. Mientras estaba en su casa en una pequeña ciudad de Texas cuidando a su esposo y a sus hijos, Dios la llamó al ministerio. Dios no está interesado en la posición en la que estamos, sino en que obedezcamos a lo que Él nos ha llamado hacer. En el 1990, mientras estaba ministrando en Argentina, se enamoró del país e incluso pensaba en mudarse allí con su familia. La voz de Dios le habló a su corazón y le dijo que podía dar su corazón a la nación, pero no su vida, ya que la necesitaba para predicar en diferentes partes del mundo, y si se quedaba, ella sólo se concentraría en Argentina y no cumpliría su vocación. Sabía que tenía que ser obediente a la voz de Dios y no a sus emociones. Es importante vivir una vida de oración para discernir la voluntad de Dios para nuestras vidas. Esta profetisa del Señor fue capaz de escuchar la voz de Dios claramente debido a su intimidad con Jesús a través de la oración.

La unción de la oración corporativa

La presencia de otras personas orando contigo en un momento difícil es enormemente reconfortante; sabes que no estás sola. La Biblia insta a la gente a orar juntos, los primeros creyentes hicieron esto todo el tiempo. Por eso, somos llamados el cuerpo de Cristo; cada parte es importante para el cuerpo. Orar uno con el otro también construye un fuerte vínculo que entra profundamente en el alma. Tengo un grupo de hermanas que cuando estamos en necesidad, nos reunimos y oramos las unas por las otros. A través de esas oraciones, hemos recibido confirmaciones de Dios y sanidad interior; levantándonos las unas a las otras en momentos de crisis, confusión, conmoción, ansiedad, tristeza y soledad.

La oración trae sanidad

Dios me reveló en un sueño que un tumor estaba creciendo dentro de mi seno izquierdo. Al principio, estaba aterrorizada. Pero después, empecé a declarar sanidad sobre mi cuerpo en el nombre de Jesús. Un pastor famoso dominicano llamado Juan Carlos Harrigan fue invitado a predicar en mi iglesia y le dije al Señor que quería que él orara sanidad sobre mi vida. El día llegó y mientras observábamos al pastor predicar, él se detuvo en medio del sermón y dijo: "Hay una atmósfera de milagros, y en este lugar hay una mujer que tiene un tumor creciendo dentro de su seno izquierdo y Dios quiere sanarla". En ese momento, todos miraban esperando a ver quién era. Tenía curiosidad por saber si estaba hablando de mí. Después de unos segundos, me acerqué al altar y él oró y en cuestión de segundos la masa en mi pecho se había desaparecido. Millones de mujeres en todo el mundo viven en la pobreza y no pueden pagarle a un médico, ¡pero la buena noticia es que tienen acceso a Jesús, el verdadero sanador! Yo declaro y decreto que cualquier mujer leyendo ahora mismo, que está sufriendo de una enfermedad, reciba sanidad por las *Llagas* de Jesús en la cruz del Calvario.

Madelyn Rodríguez

Oración

Mi Señor, ayúdame a ser una mujer de oración para que
pueda orar por mis seres queridos, nación y el mundo.
Entiendo que la oración cambia la atmósfera y las situaciones.
A través de la oración, encontraré sanidad espiritual y física.
La oración me dará discernimiento y sabiduría para entender
mi vocación.

Capítulo 4

El ayuno trae rompimiento

Madelyn Rodríguez

Un rompimiento es un concepto militar que significa que un ejército ha debilitado a las fuerzas enemigas hasta el punto de colapso. Entonces, el rompimiento ocurre cuando ese ejército asume el territorio del enemigo. Dios claramente quiere que sepamos que hay más de lo que pensamos o vemos en el mundo espiritual. Por lo tanto, el ayuno es crucial en nuestras vidas. El ayuno es necesario para pedirle a Dios y buscar Su favor. "Pero si mi pueblo, que lleva mi nombre, se humilla y ora, busca mi rostro y se aparta de su conducta perversa, yo oiré desde el cielo, perdonaré sus pecados y restauraré su tierra" (2 Crónicas 7:14 NTV). El poder del ayuno es una bomba atómica espiritual cuando se combina con la oración para destruir las fortalezas del mal y ayudar a traer el avivamiento. El ayuno es la disciplina espiritual de abstenerse de todos o de algunos tipos de alimentos o bebidas, para deleitarse en Dios. El ayuno es también un período de crecimiento espiritual; humildemente negamos algo de la carne para glorificar a Dios entrando en dimensiones espirituales más profundas. El propósito del ayuno es enfocarse más en Dios, en las cosas de arriba y en la expansión de Su Reino. El ayuno te ayudará a apartar los ojos del mundo y enfocarte en nuestro Creador. Cuando ayunas, se desarrolla un caminar más cercano con Dios.

Espíritu, alma y cuerpo

Somos tripartitos: tenemos espíritu, alma y cuerpo. Cuando muramos, nuestro cuerpo se desintegrará, nuestro espíritu regresará al Señor y nuestra alma irá al Cielo o al Infierno por la eternidad. El poder del ayuno se encuentra cuando entendemos que, para tener una relación más íntima con Dios, debemos estar en el espíritu porque Él es Espíritu. "Pues Dios es Espíritu, por eso todos los que lo adoran deben hacerlo en espíritu y en verdad" (Juan 4:24 NTV). El concepto es que el ayuno debilita nuestro cuerpo y permite que el espíritu reciba el poder y la dirección de Dios con mayor intensidad. Dios se comunica con nosotros a través de nuestro espíritu; por lo tanto, podemos escuchar la voz de Dios mucho más clara ya que nuestros espíritus se fortalecen y podemos ver y comprender el mundo espiritual mucho mejor. "Pero los que no son espirituales no pueden recibir esas verdades de parte del Espíritu de Dios. Todo les suena ridículo y no pueden entenderlo, porque solo los que son espirituales pueden entender lo que el Espíritu quiere decir" (1 Corintios 2:14 NTV).

Tu alma se mueve en la dirección de tu carne o de tu espíritu dependiendo cuál es más fuerte. Cuando no estamos en el espíritu, tendemos a ser más atraídos por las cosas del mundo: nuestros deseos carnales. "Los que están dominados por la naturaleza pecaminosa piensan en cosas pecaminosas, pero los que son controlados por el Espíritu Santo piensan en las cosas que agradan al Espíritu. Por lo tanto, permitir que la

Madelyn Rodríguez

naturaleza pecaminosa les controle la mente lleva a la muerte. Pero permitir que el Espíritu les controle la mente lleva a la vida y a la paz" (Romanos 8:5-6 NTV). Una persona puede ayunar por 3, 21, 40, o los días que el Señor le guíe. Lo más importante es permitir que Dios sea la guía durante todo el ayuno. Siempre me gusta orar antes de ayunar, para que el Señor preparare mi estómago y me provea las fuerzas para terminar el ayuno. El ayuno purifica, renueva las fuerzas y puedes oír la voz de Dios con más facilidad. La reina Ester recibió la victoria salvando a su pueblo a través del poder del ayuno. Por lo tanto, si actualmente te encuentras en una situación difícil y parece que no hay salida, no te sientas frustrada, no pierdas la esperanza, no permitas que la depresión tome el control y no te enojes con Dios, ¡sólo ayuna!

"¿Y qué beneficio obtienes si ganas el mundo entero pero pierdes tu propia alma? ¿Hay algo que valga más que tu alma?"
(Mateo 16:26 NTV).

El ayuno ayuda a limpiar y a sanar la toxicidad emocional

Si hay algo con lo que a menudo luchamos en la vida, es nuestra mente. Debemos proteger nuestras mentes de los pensamientos negativos que nos bombardean, como: la depresión, la tristeza, la ira, raíz de amargura y la duda entre muchas otras cosas. Mucho tiene que ver con todos los recuerdos y la dolorosa niñez que se vuelen una lluvia de toxicidad mental que nos ataca todos los días. Necesitamos desintoxicar nuestras mentes regularmente tanto como nuestros cuerpos. El ayuno entra y corta profundamente en nuestras almas deshaciéndose de todo el fango emocional. Siempre y cuando coloques a Dios en el centro de cada uno de tus ayunos, rápidamente experimentarás momentos de intensa sanidad mental y emocional. El ayuno espiritual trae un discernimiento interno, sabiduría, liberación en el interior y estás más alerta; es algo simplemente asombroso. La renovación de la mente es una necesidad, si queremos vivir vidas victoriosas en Jesús. "No se amolden al mundo actual, sino sean transformados mediante la renovación de su mente. Así podrán comprobar cuál es la voluntad de Dios, buena, agradable y perfecta" (Romanos 12:2 NVI).

Algunos beneficios físicos mejorados por el ayuno

1- *Mejora la función cerebral y la claridad mental*
2- *Acelera el metabolismo*
3- *Ayuda a perder peso*
4- *Mejora el sistema inmunológico*
5- *Ayuda a limpiar la piel y a prevenir el acné*
6- *Desintoxica*
7- *Es un mecanismo de sanidad*
8- *Te hace sentir rejuvenecida*
9- *Puede ayudar a vivir más tiempo*

La guerra invisible

Todos estamos en una batalla espiritual invisible, sin embargo, la mayoría de nosotros como cristianos realmente no conocemos a nuestro enemigo. Originalmente, Satanás fue llamado Lucifer; creado como uno de los más altos seres angelicales. Tenía belleza, poder e inteligencia, pero no estaba satisfecho con lo que tenía y el orgullo fue su caída; él quería ser Dios (Ezequiel 28). Ahora, Satanás es llamado el príncipe del poder del aire, porque él y sus ángeles caídos habitan en la atmósfera sobre la tierra. Aunque no lo podamos ver, la Palabra confirma su existencia, "Porque nuestra lucha no es contra seres humanos, sino contra poderes, contra autoridades, contra potestades que dominan este mundo de tinieblas, contra fuerzas espirituales malignas en las regiones celestiales" (Efesios 6:12 NIV). Así que ahora él y su ejército de oscuridad rondan por la tierra en un esfuerzo por causar daño a la creación de Dios.

Déjame darte un ejemplo. Había solicitado para un trabajo y la probabilidad de conseguirlo estaba confirmado. Sin embargo, después de enviar mi currículo, hubo un largo período de espera y no entendía la demora. Transcurrieron unos días y el Señor reveló en un sueño que tenía que ayunar para mover todas las fuerzas demoníacas que estaban bloqueando mi bendición. Ayuné durante tres días y poco después del ayuno, recibí una llamada para comenzar a trabajar. No hay duda de que Dios es soberano, pero Él ama vernos actuar. Jesús les dio a Sus apóstoles el poder y el mandamiento de salir y caminar con Su unción, Él siempre les decía que expulsaran demonios. Si Jesús y los apóstoles estaban echando fuera a los demonios, entonces debería ser lógico que la Iglesia siguiera expulsando a los demonios cuando fuera necesario. En este tiempo, Satanás y sus demonios no están confinados a un **Pozo Sin Fondo**. Hasta que eso suceda, son libres de vagar por el aire buscando a quién van a atacar infligiendo terror y opresión. Uno debe tener mucho cuidado de no darle demasiada atención a Satanás y a sus demonios. Ya que esto puede conducirte al temor o incluso a la sobreestimación de su poder.

Puedes estar preguntándote, si Jesús ya derrotó a Satanás y a sus demonios en la cruz del Calvario hace unos 2,000 años, entonces, ¿por qué tenemos que luchar? La verdad es que vivimos en un mundo en el que Satanás y sus ángeles caídos persisten en una guerra espiritual por las almas. Jesús sacrificó Su vida para liberar a los hombres y a las mujeres que están caídos.

El reino de las tinieblas está trabajando horas extras para mantener a las personas (a las almas perdidas) a ciegas. Está elaborando estrategias para mantener a la creación de Dios en esclavitud. La guerra no es sólo acerca de las almas perdidas, también para impedir a las personas cumplir su destino en Dios. La cruz es el lugar donde Cristo redimió a los hombres del poder de Satanás. El diablo mantuvo cautivos a los hombres por causa del pecado; pero en la cruz el Señor pagó por nuestros pecados. Por lo tanto, puso fin a todos los derechos de Satanás sobre nosotros. Los creyentes están sentados con Cristo muy por encima de los poderes de las tinieblas; Él nos ha dado autoridad sobre todo el poder del enemigo (Lucas 10:19).

Sin embargo, hay una diferencia entre el poder y la autoridad. Un camión puede tener poder, pero debe de obedecer las órdenes de un policía, el policía tiene autoridad, y la autoridad del policía está respaldada por el gobierno de la ciudad, mientras que el conductor del camión debe reconocer la autoridad y obedecer la ley. Lo mismo sucede con Satanás y sus demonios. Si estamos sometidas a Jesús, podemos hablar y declarar en Su nombre, y los poderes del mal quedan sin otra opción que obedecernos. Ya que los demonios reconocen que estamos siendo respaldadas por Jesús. "Desarmó a los poderes y a las potestades, y por medio de Cristo los humilló en público al exhibirlos en su desfile triunfal" (Colosenses 2:15 NIV).

Oración

Señor, ayúdame a comprender la importancia del ayuno. Puesto que el ayuno puede llevarme a nuevas dimensiones espirituales. El ayuno me ayudará a escuchar Tu Voz más claramente, y me dará valentía para cumplir la misión que has asignado para mi vida.

Madelyn Rodríguez

Capítulo 5

La sabiduría y el discernimiento

Si queremos que Dios nos hable todos los días, debemos leer la Biblia. La Biblia es literalmente "inspirada por Dios". Leer y meditar en la Palabra de Dios fortalecerá tu espíritu y producirá fe que moverá montañas (Marcos 11:22-23). ¡La distancia más corta entre tus sueños y tu realidad es la FE! No te dejes engañar por sentir la necesidad de llevar pulseras, cadenas, o cualquier supuesto símbolo de protección sobre tu vida; la fe en Dios es suficiente. Llevar cualquier otra cosa, no es inspirado por Dios, ¡sólo Dios ofrece la protección real! Una vez que confiesas a Jesús como Señor y Salvador, automáticamente te conviertes en templo de Su Espíritu Santo, y Él vive dentro de ti. Hay victorias que no dependen de Dios, sino de nosotros. La sabiduría sólo viene de Dios y debemos tener el discernimiento para entender nuestro ambiente, nuestras atmósferas y probar los espíritus de las personas.

He escuchado historias de personas que se niegan a asistir a la iglesia porque han oído o se han encontrado con falsos predicadores. Por tal razón, desesperadamente necesitamos discernimiento espiritual para probar los espíritus e identificar quién tiene el Espíritu de Dios (1 Juan 4:1). Su deseo sobre nuestras vidas es que todos nos amemos como una gran familia feliz. Por eso, Él enfatiza en la Palabra que no debemos dejar de congregarnos para que podamos elevarnos unos a otros predicando y orando a través de la Palabra (Hebreos 10:24-25). Debemos amar a los demás como nos amamos a nosotros mismos (Marcos 12:31).

Madelyn Rodriguez

La sabiduría es más valiosa que el oro

Débora es la única jueza femenina mencionada en la Biblia; y también fue profetisa de Israel (1050 AC-1000 AC). Débora es conocida por su sabiduría, valentía y celo compasivo por la justicia. Débora convocó su corte bajo una palmera y los israelitas vinieron a ella para que sus disputas fueran resueltas (Jueces 4:5). A diferencia de Jezabel, quien no buscaba el consejo de nadie, Débora obedeció al Señor e insistió en que se hiciera Su voluntad, no la suya. Por su fe en Dios, ella lideró con éxito a Israel durante un tiempo crítico. A lo largo de la historia, vemos que Dios a menudo eligió levantar hombres y mujeres improbables para rescatar a Su pueblo de sus enemigos. En el libro de Jueces vemos una líder femenina, que en sí era algo bastante raro, y vemos que su profecía indicaba que una mujer rescataría a Israel. Innegablemente, al final de la historia, sería una realidad. El mismo nombre de Sísara causaba terror y pánico en Israel. La religión y la cultura cananea eran muy brutales. Débora sabía que Barac y su ejército estaban esperando una palabra, alguna señal, de ella. Débora vio la actitud de Barac no muy confiado y ella le aseguró que iría con él. También profetizó que la gloria de matar a Sísara, el enemigo de Dios sólo iría al Señor (Jueces 4:9). En un momento en que la fe faltaba, la fe de Débora en Dios y su liderazgo eran fuertes. El Señor no necesita a hombres poderosos para cumplir Sus propósitos. También puede usar a los menospreciados para cumplir Su voluntad. Desafortunadamente, en el mundo de hoy, hay una gran

Expresa Liderazgo: ¡Tu misión lo es todo!

cantidad de violencia, abuso e injusticia con las mujeres. En muchos países la gente necesita entender que Dios concede a las mujeres y los hombres el mismo valor y posición delante de Él. Débora se unió a los hombres en la guerra, ¿te imaginas cómo se levantaron los ánimos de los hombres al ver a una mujer valiente con ellos? Hoy Dios te está llamando a ser también una mujer de sabiduría que busca consejo del Señor que puede ser usada como un instrumento para ayudar a otros a ganar victorias.

Los desafíos de escribir mi primer libro

El Espíritu Santo me dio la sabiduría y el discernimiento para escribir mi primer libro, pero estaba temerosa ya que no era una experta en la Biblia. Una noche, después de que me quedé dormida leyendo un libro que enseña acerca de los libros de la Biblia, el Espíritu Santo me habló en un sueño. Me mostró el libro que estaba leyendo y me dijo: **"¿Por qué no dejas que mi Espíritu Santo te enseñe?"** Cuando me desperté, quedé impactada y entendí que yo sólo soy la estudiante y Él es el maestro.

La astrología: El mundo de las tinieblas

¡Es muy importante que tengamos sabiduría y discernimiento en todo momento! Debido a que el diablo no puede crear nada, entonces imita todo lo que Dios hace, y eso es exactamente lo que hizo con la astrología. Cuando nacemos, Dios nos da dones para que usemos mientras estamos en la tierra para ayudar a cumplir nuestro propósito; pero, es nuestra responsabilidad usarlos sabiamente. Crecí en una casa disfuncional; así que fue muy difícil para mí confiar en la gente. Pensaba que la mejor manera de conocer el carácter y las intenciones de alguien era estudiar su signo zodiacal; leí muchos libros sobre el tema. Cuando conocía a alguien, mi primera pregunta era: "¿Cuál es tu signo?", y tan pronto la persona respondía, comenzaba a nombrar sus rasgos de personalidad y siempre tenía la razón. Estaba muy orgullosa de mi talento. Muchas veces gastaba el poco dinero que tenía en una psíquica para que me leyera las manos o las cartas. Aparte de querer conocer las intenciones de la gente, siempre he sido una persona muy curiosa, y quería ser guiada por Dios y descubrir Sus planes para mi vida. El único problema era que estaba hablando con el mundo demoníaco de las tinieblas sin saberlo; hasta que recibí a Jesús como mi Señor y Salvador y comencé a caminar en la luz.

La astrología es la antigua creencia de que el destino de una persona se puede encontrar en el patrón de los planetas y las estrellas desde el momento en que la persona nace y el "horóscopo" es el gráfico que trata de describir ese destino. En la Biblia leemos en el libro de (Daniel 2:10-11, 4:7) que los astrólogos de la corte real de Babilonia eran incapaces de interpretar sueños y de discernir los tiempos.

> *"Tanto consejo recibido te ha cansado. ¿Dónde están tus astrólogos, esos que miran a las estrellas y hacen predicciones todos los meses? Que den la cara y te salven de lo que te depara el futuro. Pero ellos son como la paja que arde en el fuego; no pueden salvarse a sí mismos de las llamas. No recibirás ninguna ayuda de ellos; su chimenea no es lugar para sentarse y calentarse"*
> *(Isaías 47:13-14 NTV).*

La razón por la que la astrología es una abominación a Dios es porque atribuye a los planetas y a las estrellas el poder que sólo pertenece a Dios, y sólo Él puede decirte y guiarte a tu propósito porque Él es tu Creador. No tenemos que recurrir a la astrología cuando tenemos la Palabra de Dios y Su Espíritu Santo para guiarnos.

"No tenemos que recurrir a la astrología cuando tenemos la Palabra de Dios y Su Espíritu Santo para guiarnos".

Debes aprender a discernir entre las tres voces: la de Dios, la del diablo y la tuya. Estaba interesada en aprender sobre otras personas porque tenía el don de la profecía en mí; pero debido a mi ignorancia espiritual, estaba buscando en el lugar equivocado. Hoy, Dios quiere que uses el regalo que Él te ha dado para que tu asignación terrenal sea luz en el mundo. Hay mucho potencial en ti, no lo desperdicies.

Madelyn Rodríguez

Dios está preparando el camino para lo que fuiste creada

Trabajaba para una revista de entretenimiento y estaba feliz al principio; pero después de un tiempo, me sentía muy aburrida. Era investigadora, eso significaba que tenía que verificar que el contenido de la revista estuviera correcto, que no hubiera errores con la ortografía, y de que la información proporcionada estuviera nítida. Esa responsabilidad me hacía pasar muchas horas de investigación tediosa, lo cual era muy agotante. Había asistido a la universidad con la esperanza de hacer noticias serias, no de entretenimiento. Valoraba la oportunidad, pero mi corazón anhelaba hacer historias de interés humano, documentales y eventos actuales.

Un día mi amable colega me invitó a una de las estaciones de radio hispanas más importantes de Nueva York, ya que ella y yo teníamos voces fuertes y roncas. Ella decía que yo tenía una voz distintiva, pensé que ella estaba exagerando, pero fui con ella. Cuando llegamos, el director de producción se enamoró de mi voz y de inmediato empezamos hacer comerciales para la radio. Mi voz ronca finalmente se pondría para uso, después de tantos años de haber sido ridiculizada por mis compañeros de clase y ser llamada como el personaje de dibujos animados He-Man. En la radio, aprendí hablar el español sin acento y con más profesionalidad. Eventualmente tuve la oportunidad de ser locutora.

Lo que estoy tratando de decir es que una cosa me llevó a la otra. En primer lugar, trabajé para una revista de entretenimiento y aunque mi corazón no estaba allí, Dios me estaba preparando. Hoy en día, gracias a la experiencia que logré adquirir como investigadora, puedo encontrar información creíble para los libros que me fascinan escribir. Además, el trabajo de radio me conectó a otra estación de radio popular y allí un colega me conectó a la iglesia que me ayudó a entender que Dios es real. Debemos tener discernimiento en todo momento para entender el plan de Dios para nuestras vidas. Muchas veces creemos que estamos estancadas en ciertas áreas de nuestras vidas, pero Dios lo está usando como un proceso para hacer la transición del punto A al punto B. Cualquier cosa que esté sucediendo en tu vida hoy, cree que Dios está en control y Él te está moviendo a tu destino profético. No permanecerás donde estás, sino que Dios te llevará al lugar de tu victoria.

Oración

Señor, en este día te pido que me des sabiduría y
discernimiento para usar los dones y talentos
que me has dado sabiamente.

Capítulo 6

Sé valiente

Madelyn Rodríguez

Creadas para evangelizar

María Magdalena fue la pionera de los pioneros y precursora de todos los precursores. Fue la primera persona en ser comisionada para predicar el evangelio; esto es señal de que Dios puede usar a las mujeres en el ministerio. Ella fue una seguidora de Jesús que fue testigo de Su crucifixión y sepultura. Fue la primera persona a quien Jesús se le apareció después de la resurrección y le dijo que transmitiera las buenas nuevas a otros. María Magdalena tenía un corazón agradecido hacia Aquél que la había librado de siete demonios (Lucas 8:2-3). ¡Un encuentro con la misericordia y el perdón de Jesús puede transformar una vida para siempre! María Magdalena fue liberada de una vida de opresión demoníaca y experimentó el poder de Cristo resucitado. Dios también quiere romper hoy lo que te está obstaculizando para vivir al máximo y siempre tener un corazón agradecido.

Llevar a otros a la libertad

Harriet Tubman (1822-1913) era conocida como la "Moisés del ferrocarril subterráneo"; una esclava analfabeta nacida en Maryland. Fue una valiente mujer que luchó contra la esclavitud y llevó a muchos esclavos a la libertad. Tubman resistió la esclavitud y huyó dejando atrás a su marido y a su familia sólo para regresar y ayudarlos a ellos y a otros cientos de esclavos a alcanzar la libertad a través del Ferrocarril Subterráneo. Ella ganó el apodo de "Moisés", del profeta Moisés de la Biblia que llevó a su pueblo a la libertad. En todos sus viajes peligrosos nunca perdió un solo pasajero. Nunca aprendió a leer, pero tenía una increíble memoria para las Escrituras. Ella afirmó haber recibido visiones de Dios instruyéndola para liberar a su pueblo, guiándola en muchos viajes. ¡Jesucristo es capaz y está dispuesto a liberarnos de la esclavitud! ¡Él puede romper toda cadena de opresión, y Él es el libertador supremo! Sin embargo, a muchos no se les ha predicado este Evangelio de salvación y liberación, ahora eso te toca a ti hablarlo. Dios te usará para expandir el Evangelio y ayudar a otros a ser desencadenados y libres tanto en el mundo espiritual como en el natural.

Madelyn Rodríguez

¡Aprende a perdonar a otros sin importar qué te hayan hecho!

Se necesita verdadera valentía para perdonar, especialmente si la persona que te ha lastimado es la que se supone debe de protegerte. Así es la historia de Joyce Meyer. Mientras ella era niña, su padre la abusaba sexualmente. Dios borró el odio y la raíz de amargura de su corazón y ahora es una de las principales maestras de la Biblia en el mundo. Ella tiene un programa de televisión y de radio en el cual millones de personas alrededor del mundo la ven y la escuchan; ella enseña sobre diversos temas incluyendo acerca de la mente, los estados de ánimo y las actitudes. Piensa por un momento quién te ha hecho daño y te ha sido difícil de perdonar. Tómate el tiempo para presentar y dar esa área a Dios. Está en nuestro mejor interés perdonar, somos los que Dios está tratando de proteger. Perdonar a otros nos libera de la ira y nos permite recibir la sanidad que necesitamos. ¡Debemos perdonar a todos siempre y hacerlo inmediatamente!

El no perdonar a alguien es como beber veneno

Cuando estaba empezando a tener una relación con Dios una hermana en la iglesia me dijo que tenía que perdonar a mi padrastro. La miré a los ojos llena de ira, y en silencio pasaron por mi mente los recuerdos de mi violenta adolescencia. Mientras la miraba pensaba, ¿cómo se atreve esta mujer, que no sabe absolutamente nada de lo que pasé en esos años de infierno en la tierra, decirme que debo pedirle perdón y también perdonarlo? Ella continuó diciéndome que, si no lo perdonaba, no vería todas las promesas de Dios manifestadas en mi vida. ¡Eso sí me llamó la atención! Quería recibir todo lo que el diablo me había robado durante años, mi inocente adolescencia, mi padre, mi madre, y mi felicidad. Era un trato hecho, finalmente le hablaría. A su debido tiempo recibí sanidad del Señor, pude perdonar a mi padrastro, le presenté a Jesús como su Salvador y ahora oro por él. Años más tarde, el Señor me reveló en un sueño que un demonio poseía su cuerpo (Efesios 6).

Madelyn Rodríguez

La vida de los soñadores

"Después de esto, derramaré mi Espíritu sobre todo el género humano. Los hijos y las hijas de ustedes profetizarán, tendrán sueños los ancianos y visiones los jóvenes" (Joel 2:28 NVI). Así que soy lo que llamarías una soñadora, sueño cada vez que me duermo, y los sueños nunca terminan a menos que me despierte. He tenido innumerables sueños acerca de mi familia, mis amistades, personas famosas y acontecimientos que han de suceder. Soy creyente desde el otoño del 2010 y desde ese momento tengo más de 10 libretas llenas de cientos de sueños y visiones.

¡Los sueños son reales y pueden llevarte a cualquier lugar!

¡Los sueños y las visiones te llevan al mundo sobrenatural, cualquier cosa es posible! A veces tenemos miedo de compartir nuestros sueños por temor a ser ridiculizados, pero debemos tener el valor de decir las cosas que Dios nos ha mostrado, porque Él nos las está mostrando con un propósito, Él confía en nosotros con la responsabilidad de informar a los demás. En el cuerpo de Cristo hay muchas funciones y cuando Dios muestra una revelación del Cielo, es para edificar, exhortar o consolar a Su pueblo. Aunque muchos se muestren incrédulos ante tus revelaciones, lo importante es levantarte en valentía y obedecer a Aquél que te ha enviado. A continuación, comparto algunos sueños y visiones.

Entrando a la eternidad "el Cielo"

Acostada en mi cama el Señor comenzó a hablarme acerca de pasar de esta vida a la siguiente. Por medio de una visión me vi caminado en una calle, miré hacia arriba y vi un hueco en el Cielo, decidí subir a través de una escalera. Era una nueva dimensión; todo era perfecto en el Cielo. La vida era sobrenatural. Él me permitió ver lo que sucede cuando muere un creyente, como su alma hace la transición hacia la eternidad. Aunque el pensamiento de cómo vamos a morir y cuándo puede ser muy aterrador, Dios no quiere que temamos la experiencia de morir, ya que entraremos a una dimensión totalmente nueva y mejor. Veía que a medida que el alma entraba en la nueva dimensión, sentía felicidad, plenitud y una paz que sobrepasa todo entendimiento. Fue una experiencia impresionante.

Ángeles

Hace un tiempo atrás trabajaba en una empresa, la cual me envió a un viaje a la China, para mí era importante sentir la protección de Dios a través de la oración, y cuando llegué al hotel me arrodillé para orar. Mientras oraba, podía sentir a alguien parado junto a mí y cuando vi con los ojos cerrados, en el espíritu, vi a un hombre alto y fuerte cuyo rostro era como un águila con los brazos cruzados. Tenemos ángeles asignados a nosotros para nuestra protección, no debemos orarles a los ángeles, porque sólo siguen las órdenes de Dios, no las nuestras. Nuestras oraciones siempre deben dirigirse al Padre en el nombre de Jesús.

Visión del día de la crucifixión de Jesús

En el verano del año 2012, mientras estaba en un servicio del domingo, tuve una experiencia divina como nunca había experimentado antes. Una profetisa fue invitada a dar su testimonio y explicó que ella duró varios días muerta, y durante ese tiempo Jesús la llevó al Cielo y al Infierno. También habló de cuándo Jesús estuvo colgado en la cruz. La profetisa enfatizó en ese momento histórico que marcó la humanidad para siempre. De repente, cerré los ojos y vi todo como si estuviera allí. Dios me llevó en el espíritu a ese momento y vi la parte baja de la cruz de Jesús sobre una montaña y pude ver las casas que estaban abajo. El cielo se oscureció, se volvió gris y luego negro y sentí un fuerte viento que sopló sobre mí. Hubo un fuerte terremoto y se abrieron grietas en la tierra. Todo sucedió muy rápido. Aunque no vi a Jesús, nunca olvidaré ese momento tan impactante en mi vida. Ese día, cuando salí de la iglesia, permanecí asustada por la experiencia sobrenatural durante varios días. Tres años más tarde, estaba orando y Dios me llevó de nuevo en el espíritu al día de la crucifixión, pero esta vez yo estaba dentro del templo y vi que se estaba derrumbando como dice Su Palabra (Mateo 24:1-2).

"Ya era alrededor del mediodía, y la tierra se llenó de oscuridad hasta las tres de la tarde. La luz del sol desapareció. Y, de repente, la cortina del santuario del templo se rasgó por la mitad. Después Jesús gritó: Padre, ¡encomiendo mi espíritu en tus manos! Y con esas palabras dio su último suspiro" (Lucas 23:44-46 NTV).

Sueño del Paraíso

El Paraíso en un sueño es una imagen deseable para prácticamente todos. Además, las emociones son inolvidables. Dios me llevó a un lugar que parecía un paraíso; el lugar era increíblemente hermoso. Nunca había estado en un lugar tan maravilloso. Había una cascada grande, hermosa con muchas rocas alrededor. Vi a la gente caminando y nadando en el agua. Pensé: "¡Qué maravilloso es este lugar; es un lugar tranquilo! Sería maravilloso si Dios pudiera mostrarles a las personas que están en la tierra lo felices que estarían aquí sin ningún problema". El agua era profunda, y la gente nadaba hasta el fondo y salían del agua de manera muy natural. En mi espíritu comprendí que no existían ni el peligro, ni el pecado. También comprendí que un día podríamos estar en un lugar donde habrá paz absoluta. Podremos nadar profundamente en el océano sin ahogarnos y nunca más volveremos a experimentar la noche. Por la eternidad, disfrutaremos de la presencia de Dios en nuestras vidas. Hice una pausa en mis pensamientos; aunque nunca vi a Dios, sabía que me estaba escuchando en el espíritu, y le dije: "Dios, tenemos que decirle a la gente que está abajo (refiriéndome a la tierra) que este lugar glorioso y sobrenatural existe, porque si supieran, no pecarían". Con firmeza continué insistiéndole a Dios que podríamos hacerles saber a la gente que el Paraíso es real.

Entonces, pensé en la idea de preguntarle a Dios si pudiéramos tomar al menos una foto para mostrarla, y en ese momento me desperté. Unos meses más tarde, mientras yo estaba en el espíritu orando en la iglesia, el Señor me presentó el título y la portada del libro, *Las Escaleras Hacia el Cielo: Cómo Dios habla a través de los Sueños, Visiones y Revelaciones*. Me recordó el lugar donde Él me había llevado para que yo pudiera escribir sobre lo que vi y las revelaciones que Él me ha dado a través de sueños y visiones para que la gente pueda aprender acerca de la vida eterna en el Paraíso y tener esperanza (2 Corintios 12:2-4).

Oración

Señor, dame la valentía para cumplir mi propósito. Necesito valentía para continuar, sin importar que me ridiculicen o se burlen. Porque Tu voluntad sobre mi vida es más grande e importante que cualquier comentario negativo.

Capítulo 7

Creadas para ser influyentes

Madelyn Rodríguez

¡No hay mayor heroísmo que dar la vida por un sueño!

Una mujer de influencia obedecerá a Dios sin importar los obstáculos, las dificultades, las críticas y las oposiciones, porque es una mujer según el corazón de Dios. Imagínate a Dios en el Cielo haciendo un tablero de visión de las cosas que Él desea que logres, una vez que Él te envíe a la tierra. Al lado del tablero de la visión, hay un reloj que comienza en el momento en el que entras en el vientre de tu madre, y está marcando hasta tu último día en la tierra. Dios te ha enviado a la tierra con un tiempo limitado para que cumplas una misión específica; que sólo tú puedes cumplir, **¡Sólo Tú!** Nuestro Dios es un Padre muy bueno y nunca es demasiado tarde para comenzar la tarea que Él ha diseñado para tu vida. Nuestro Dios es un Dios de misericordia y de oportunidades. Hoy, escribe una lista de las cosas que Dios ha hablado sobre tu vida y como una por una las vas a lograr. No importa si estás nerviosa, asustada, sin recursos, ¡simplemente hazlo! Una mujer que tiene sueños debe creer que Dios la prosperará y la ha llamado a expandirse y multiplicarse.

La obediencia te dará influencia

La Virgen María, la madre de Jesús, es la mujer más influyente, ella dio a luz a nuestro Salvador y Mesías. María supo que concebiría por el poder de Dios, sin la cooperación de un padre humano, y que el niño sería llamado, el Hijo de Dios. Cuando el ángel Gabriel se le apareció a María para contarle las buenas nuevas, ella dio una respuesta que influye en incontables generaciones futuras, sometiéndose a la voluntad de Dios: "...He aquí la sierva del Señor; hágase conmigo conforme a tu palabra..." (Lucas 1:38 RVR1960). María modeló una actitud de obediencia y confianza entregando su vida y reputación a los propósitos de Dios. Su sumisión nos muestra que cuando consagramos nuestra vida al Señor, Él puede hacer cosas increíbles.

¡Para un tiempo como éste!

"Porque si callas absolutamente en este tiempo, respiro y liberación vendrá de alguna otra parte para los judíos; mas tú y la casa de tu padre pereceréis. ¿Y quién sabe si para esta hora has llegado al reino?" (Ester 4:14 RVR1960). El libro de Ester nunca menciona el nombre de Dios directamente y la única disciplina espiritual mencionada es el ayuno. Antes de convertirte en una mujer de influencia, debes tener autoridad espiritual como la reina Ester; sólo después de ayunar dominó la valentía y la victoria. El ayuno dio a despertar su propósito. Ester fue un modelo de valentía e influencia cuando arriesgó su vida para salvar la vida de su pueblo. Con ella aprendemos que debemos de romper la intimidación para traer gloria a Dios. Ester fue una huérfana que fue criada por su pariente, Mardoqueo. El rey Asuero no tenía ni idea de que la reina Ester era judía, y antes de presentarse a él para abogar por los judíos, fue guiada por Dios y recibió favor. Dios no sólo creó a Ester bella para que fuera elegida como la reina en el Imperio Persa, también fue elegida para que a través de su belleza y Su favor salvara una nación. Ester fue colocada en una posición de realeza para que ella pudiera ser una representante de la Palabra de Dios. ¡Dios también te ha creado hermosa para reinar justo donde estás, para la posición que Él ha diseñado para ti!

"¡Dios también te ha creado hermosa para reinar justo donde estás, para la posición que Él ha diseñado para ti!"

Ester sabía que ella tenía un propósito divino y Dios necesitaba usarla como un instrumento para Su gloria, ella entendió el poder de la unidad. "Ve y reúne a todos los judíos que se hallan en Susa, y ayunad por mí, y no comáis ni bebáis en tres días, noche y día; yo también con mis doncellas ayunaré igualmente, y entonces entraré a ver al rey, aunque no sea conforme a la ley; y si perezco, que perezca" (Ester 4:16 RVR1960). Ester fue un ejemplo de valentía, lo mejor de la valentía es saber que Dios siempre estará contigo, nunca estarás sola. ¡Nuestra obediencia a Dios es todo! Si no hubiera sido por la obediencia de Ester, los judíos habrían sufrido de genocidio. Ser obediente significa que tienes fe y confías en el Señor en cada área de tu vida. ¡Es honrar a Aquél que sufrió la más alta humillación, fue azotado y torturado en la cruz por ti! No limites el increíble futuro que Dios ha planeado para tu vida al sentirte intimidada, temerosa, impotente o indignada. Ester nació con el nombre Hadassah, y más tarde fue cambiado a Esther (que significa Estrella). A pesar de la muerte de sus padres, ¡Dios la escogió para cosas grandes! Ella nos enseña que debemos romper la intimidación y usar nuestra influencia para traer gloria a Dios. ¡Tú también fuiste elegida como reina del Señor para grandeza y para reinar en autoridad en todas las áreas de tu vida!

Dios cambiará tus circunstancias

A la edad de 19 años, Aimee Semple McPherson era una viuda sin un centavo que esperaba el nacimiento de su primer hijo. Continuó predicando el Evangelio, y en sus servicios miles de personas eran sanadas cuando ella oraba por ellos. Hablar en lenguas y la sanidad a través de la fe eran parte de su ministerio. Durante la Gran Depresión ayudó alimentar a miles. Aimee Semple McPherson (1890-1944) era una evangelista pentecostal canadiense-americana, que era famosa y conocida en los medios. Fue la fundadora de la Iglesia Foursquare, en Los Ángeles, California en 1923; la iglesia sigue prosperando en los Estados Unidos hasta el día de hoy. Si Dios le cambió a Aimee Semple McPherson sus circunstancias, ¡Él quiere hacerlo también en tu vida! ¡Nuestro Señor no tiene favoritos, todos somos iguales ante Sus ojos!

La influencia en el gobierno

Este es realmente un momento emocionante para ser una mujer de fe. Las oportunidades de progreso son infinitas. Tenemos mujeres candidatas a la presidencia, líderes en las grandes empresas y mujeres tomando decisiones importantes en todos los niveles del mundo de los negocios. Tú puedes vivir tu fe y prosperar en tu carrera sin dejar de ser fiel a tus creencias. Paula White es una cristiana pentecostal, tiene su propio programa de televisión, es autora, y pastora de New Destiny Christian Center en Orlando, Florida. Es la primera mujer en hacer una oración en la Inauguración Presidencial de los Estados Unidos y es la presidenta de la Junta de Asesores Evangélicos del presidente Donald J. Trump. La Palabra nos dice, "Ora de ese modo por los reyes y por todos los que están en autoridad, para que podamos tener una vida pacífica y tranquila, caracterizada por la devoción a Dios y la dignidad. Esto es bueno y le agrada a Dios nuestro Salvador..." (I Timoteo 2:2-3 NTV). El padre de White se suicidó y cuando niña sufrió abuso físico y sexual. Se convirtió en madre a una edad temprana, pero cuando tenía 18 años, su vida empezó a cambiar, después de ser introducida a la Biblia. Ella entendió que Dios la estaba llamando a predicar el evangelio, después de recibir una visión del Señor en la cual estaba predicando alrededor del mundo. De Paula White, aprendemos que ella ha usado su influencia para traer honor y respeto al nombre de nuestro Señor. Aunque muchos te etiqueten y renuncien a ti, ¡debes saber que

Madelyn Rodríguez

Dios toma a los que han sido desechados y los transforma en tesoros! Lo que pasó o estás pasando es necesario para que Dios pueda llevarte al siguiente paso en tu vida. Los robles crecen más fuertes en los vientos contrarios y los diamantes se hacen bajo presión. Una vez que los diamantes se terminan, brillan tan hermosamente que todo el mundo desea poseer uno. Así que la presión que sientes es sólo una señal de que muy pronto estarás brillando como un diamante brillante. Dios no ha terminado tu historia. Lo que el diablo quiso hacer para mal, Dios lo convertiría en algo bueno.

Tus dones y talentos son para Dios

Dios te ha dado habilidades únicas, dones y talentos para que los uses en el reino. Por ejemplo, ¿en qué eres buena?, ¿para diseño interior, la consejería, en la enseñanza, como chef? Sea cuál sea tu talento o habilidad, fue Dios quien te lo dio. Sin embargo, Él no nos bendijo con un talento para que pudiéramos simplemente vernos maravillosas, sino con el propósito de bendecir a otros. ¡Dios quiere que nosotros usemos esos talentos y regalos hacia Él, expandiendo Su reino! Dios quiere que uses tu rol único en el cuerpo de Cristo para glorificarlo. "Dios, de su gran variedad de dones espirituales, le ha dado un don a cada uno de ustedes. Úsenlos bien para servirse los unos a los otros. ¿Has recibido el don de hablar en público? Entonces, habla como si Dios mismo estuviera hablando por medio de ti. ¿Has recibido el don de ayudar a otros? Ayúdalos con toda la fuerza y la energía que

Dios te da. Así, cada cosa que hagan traerá gloria a Dios por medio de Jesucristo..." (1 Pedro 4:10-11 NTV). Dios nos ha hecho a todos diferentes, y eso es grandioso porque todos nosotros somos parte del reino.

Usa tus talentos para empoderar

Hoy día el mundo del entretenimiento y de los medios de comunicación es más potente e impactante que nunca. Para tener un impacto positivo, los cristianos necesitan dominar su oficio y hacerlo con excelencia para que puedan hacer buenas obras que reflejen su fe. Priscilla Shirer es una exitosa autora del New York Times, una oradora muy solicitada y actuó en la popular película *War Room*. Esta mujer de Dios está utilizando sus talentos para ayudar a expandir el reino a través de películas, es alentador ver películas que puedan edificar nuestro espíritu. En *War Room* el mundo de Priscilla Shirer se está derribando, pero ella aprende a pelear sus batallas a través de la oración. Las personas que vieron o verán la película aprenderán la valiosa estrategia del poder de la oración. Hay personas que no les gusta leer, o encuentran la Biblia confusa, por eso es maravilloso hablar sobre el poder de Dios y las historias bíblicas a través de las películas. Hay tantas alternativas diferentes para compartir el evangelio, y el cine es definitivamente una de ellas. Debemos tener cuidado de no ser contaminados por las influencias impías de los programas de televisión, de las películas que vemos o por la música que escuchamos. Para cambiar la cultura, necesitamos ser parte de la cultura. Dios nos ha llamado a ser sal y luz en

Madelyn Rodríguez

este mundo, habrá momentos en los que no será fácil, pero si permanecemos enfocados y persistentes, podemos hacerlo. Diariamente, dile a Dios que te ayude a tomar decisiones que vengan de Él y como puedes permanecerle fiel.

Cuando el rey te manda a llamar

Entrevisté a Liliana Gil Valletta, oriunda de Colombia, experta en negocios y cofundadora y directora ejecutiva de CIEN+, una empresaria galardonada, comentarista de televisión para los canales Fox News, Fox Business, CNN en Español y además es parte del Foro Económico Mundial de líderes jóvenes.

¿Cómo se debe entrar a un lugar de influencia como la Casa Blanca?

Nunca olvidaré un viernes por la tarde cuando me llamaron de la Cámara de Comercio Hispana de los Estados Unidos y me dijeron: "Lili, la Casa Blanca ha pedido que asistas a una reunión con el presidente Donald J. Trump y el vicepresidente Mike Pence el lunes". Me sorprendió no sólo por la magnitud de la oportunidad, sino también por la gran responsabilidad que representaba esa reunión. Las 48 horas antes de ese lunes me parecían eternas. Oraba mucho y de rodillas lloraba y le rogaba a Dios que me llenará con Sus palabras y Su sabiduría para hacer y decir lo que Él quería que yo dijera. La oración sola no es suficiente, debes de tener también preparación. De hecho, las historias de mis personajes favoritos de la Biblia, Ester y José siguieron repitiéndose en mi mente, una y otra vez ese fin de semana. Ellos se prepararon, lo dieron todo, hablaron e influyeron en el más alto cargo de la tierra para hacer un impacto duradero e inspirar a las generaciones venideras. Sus historias me alimentaron, especialmente la historia de la reina Ester. Fui a YouTube para buscar la película *Una noche con el Rey*. Hay una escena en la que Ester corre en medio de la lluvia decidida, impulsada y llena del Espíritu para caminar valientemente hacia donde el rey, poniendo en peligro su propia vida. Debí haber repetido esa escena en mi teléfono veinte veces o más. Cuanto más la ponía, más me alimentaba y me inspiraba a dejar que Dios hiciera Su trabajo a través de mí.

¿Cuéntanos de la experiencia al conocer el presidente de los Estados Unidos?

Mientras me dirigía a esta importante reunión con el presidente un nombre que seguía apareciendo dentro de mi mente y corazón era Madelyn Rodríguez. Antes de ese día, no había hablado con Madelyn en por lo menos un año completo; pero su rostro, su nombre y su ministerio estaban presentes en mis pensamientos, así que envié un mensaje de texto corto y genérico que decía: "Amiga, ¿puedes orar por favor por mí en esta mañana? Voy para una reunión importante hoy". Ella me respondió de inmediato y me preguntó si podía llamarme. Hablamos y sin que ella supiera que yo estaba en DC preparándome para reunirme con el presidente de los Estados Unidos, dijo: "Lili Estuve pensando en ti el otro día y sentí que Dios te estaba poniendo en un lugar muy especial, un lugar especial de influencia… No sé,

sentí que te va a usar para algo más grande… algo con el presidente Trump y la Casa Blanca". Empecé a llorar al otro extremo del teléfono. No había manera posible de que ella supiera acerca de esta reunión, sino que Dios se lo había susurrando en su corazón. Le dije que Ester me había estado inspirando todo el fin de semana y entonces ella se sorprendió ya que ella estaba haciendo el ayuno de Ester, ¡ese mismo día! Simplemente no puedes inventarte estas cosas. Es Dios quien está sonriendo desde arriba, conectando a Sus hijos y liderando el camino sin que nosotros siquiera nos demos cuenta. Oramos juntas y luego decidí ayunar ese día uniéndome a Madelyn y a sus amigas. Esto muestra cómo Dios se aparece en medio del trabajo, reuniones, decisiones y los lugares y momentos que menos lo esperamos. Me registré en la Casa Blanca y cuando entré en el ala oeste seguí repitiendo esa escena de la película de Ester en mi mente.
(Final de la entrevista)

Sí, Dios escucha, ¡sólo ten fe!

"Deléitate en el SEÑOR, y él te concederá los deseos de tu corazón" (Salmos 37:4 NTV). Unos meses antes de ser una creyente, decidí solicitar empleo en un canal de televisión, no tenía experiencia y por supuesto fui rechazada. Seguí adelante y comencé a asistir a la iglesia; cada día mi relación se mantenía más fuerte con el Señor. Estaba tan quebrantada y necesitaba que mi alma fuera sanada. ¡Mi vida era todo acerca de Jesús! La gente se burlaba de mí y hacían comentarios como, "Tú eres muy fanática". Y respondía, "Si algunos son fanáticos de los carros, los deportes, la moda, y muchas otras cosas. ¿Por qué no puedo ser fanática de Aquél que murió en la cruz por todos nuestros pecados, y cuando pase de esta vida decidirá adónde irá mi alma: al Cielo o al Infierno?" Puede sonar un poco drástico, pero estaba completamente enamorada de Aquél que me amó primero. Meses después, me llamaron y me ofrecieron un empleo de talento al aire en la televisión. ¡Estaba muy feliz, no lo podía creer! Ya me había olvidado completamente de ese trabajo, pero Dios no. ¡Tú puedes estar pensando que Dios se ha olvidado de tus sueños, pero en este día Él quiere que sepas que, si Él ha podido hacerlo en mi vida, también puede hacerlo en la tuya! Aunque hayas olvidado tus sueños o piensas que Dios se olvidó, Él tiene un plan increíble para tu vida. "Pues yo sé los planes que tengo para ustedes —dice el SEÑOR—. Son planes para lo bueno y no para lo malo, para darles un futuro y una esperanza" (Jeremías 29:11 NTV).

Madelyn Rodríguez

Expandir el Reino

Presenté mi libro en las Naciones Unidas

Después de vivir una vida en oración, ayuno, recibiendo sabiduría y discernimiento, fui lo suficientemente valiente como para lanzar mi libro en las Naciones Unidas. ¡Qué privilegio! Una mujer que se crió en un hogar disfuncional en los proyectos ahora tendría la oportunidad de hablar en un lugar tan prestigioso. ¡Hasta este día lo encuentro increíble! Tantos pensamientos pasaron por mi mente como, ¿qué van a pensar de mi libro? Sin embargo, Dios me dio la valentía de hablar sobre las cosas que Él me había mostrado a través de sueños y visiones. Nunca pensé que tendría la oportunidad de ser maestra de ceremonias en las Naciones Unidas entre los líderes poderosos. Esto ha sido una lección de humildad el ver cómo Dios promueve a aquellos que lo honran. Sólo Dios puede conectarte con las personas o colocarte en las posiciones que nunca has imaginado. Para llegar a dónde quieres ir, primero debes convertirte en lo que Dios te creó para ser.

La Universidad de Harvard

Harvard es una universidad muy prestigiosa, muchos presidentes de los Estados Unidos y líderes mundiales han estudiado allí. Como todos los demás, también quería tener la oportunidad de visitarla. Un día recibí una llamada de un miembro del personal de Harvard invitándome a hablar con los estudiantes sobre el periodismo. ¡No lo podía creer! Estaba tan nerviosa que no sabía qué decir. Me invitaron a hablar de periodismo, y después termine compartiendo mis encuentros sobrenaturales con Dios. Llegar a Harvard fue inolvidable, mirando la bella arquitectura, los estudiantes caminando y la emoción de no saber a quién me podía encontrar. Hablé con los estudiantes acerca de mi amor por las noticias y cómo Dios me está usando para escribir historias sobre Él. Unos meses más tarde, ¡me invitaron de nuevo! ¡Cuán grande es nuestro Dios! Dios es el autor de tu vida, Él conoce el final, por lo tanto, estate quieto y saber que Él es Dios.

Televisión

Seré honesta, nunca tuve entrenamiento ni experiencia previa cuando comencé a trabajar para la televisión. Estudié periodismo impreso porque nunca pensé que tenía la capacidad para alcanzar esa dimensión. Pero a través de todo, la gracia de Dios me ha sostenido y las puertas que Él abre nadie puede cerrar. Una vez en una importante cadena de televisión, me dijeron que hiciera una entrevista en vivo. Solo el hecho de que estaba en una estación de televisión popular me tenía nerviosa. Pero el hecho de que lo iba hacer en vivo era aún más estresante. Tenía poca experiencia en televisión y ahora tenía que hacer una entrevista en vivo, donde millones estarían mirando. La noche anterior estaba tan ansiosa que no podía dormir. Así que memoricé las preguntas de la entrevista para que cuando escuchará la palabra acción me iba a sentir más cómoda. Por la mañana, bebí café y me dirigí al estudio de televisión. Llevaba un hermoso vestido y mi cabello y maquillaje estaban impecables. Cuando entré al estudio para sentarme e interactuar con el invitado el teleprompter estaba ubicado a una buena distancia de mí; ¡Todo parecía perfecto! En el momento en que escuché al productor decir 1...2...3... ¡Acción! Noté cómo el teleprompter se alejó lentamente de su posición original. Eso me puso aún más nerviosa, ya que esperaba echarle un vistazo para asegurarme de estar haciendo las preguntas correctas. Pero nuestro Dios es fiel y advierte a sus hijos antes de que las cosas sucedan (Amós 3:7). Con esto, la lección que aprendí fue de prestar atención cuando sientes la convicción de hacer algo (memorizar las preguntas), porque es Dios quien te está advirtiendo por adelantado.

El programa de televisión: Guerreros de Dios

Después de que el Señor se me apareciera a través de un sueño y me dijera que trabajaría para Su Reino, alrededor de un mes pasó cuando me ofrecieron la oportunidad de ser copresentadora y productora ejecutiva de un programa de entrevistas cristiano en español, *Guerreros de Dios*. El programa duró tres años y medio, y tuvimos la oportunidad de entrevistar a apóstoles, profetas, evangelistas, pastores, maestros de la Palabra, adoradores, políticos y a tantas otras personas que están expandiendo el evangelio. Fue una experiencia diferente en comparación con la televisión secular, en el programa orábamos antes y después conforme a la voluntad de Dios. Comprendíamos que éramos los mayordomos de Dios y que todo lo que Él puso en nuestras manos para prosperar sólo tendría lugar si Él nos estaba guiando a través de Su Espíritu Santo.

TBN Salsa

¡Finalmente, estaba compartiendo mi historia en un canal cristiano! Dios te guiará y te situará en los lugares en los que Él necesita que estés. Fue una experiencia maravillosa compartir mi historia de lo que Dios había estado haciendo en mi vida. Tu historia conmoverá a muchas vidas, la gente necesita escuchar lo que has pasado para que puedan entender cuán grande y fiel es Dios. Tu testimonio ayudará a otros a encontrar su propósito, otros encontrarán fortaleza en lo que pensabas que eran tus caídas, y otros encontrarán esperanza en cómo Dios restauró tu vida. "Los justos podrán tropezar siete veces, pero volverán a levantarse..." (Proverbios 24:16 NTV).

Expande el Evangelio con sabiduría

Soy una de esas personas que no pueden mantener la boca cerrada sobre el Evangelio. Busco todas las oportunidades para hablar de lo extraordinario que es Dios. En un sueño, el Señor me dijo que, al predicar el evangelio, debe hacerse con sabiduría. Muchas veces cuando hablas de Jesús piensan que estás hablando de religión y el interés de las personas se apagan. Pero Jesús murió en la cruz para tener una relación contigo, no una religión. Las personas religiosas en el tiempo de Jesús fueron los que lo crucificaron. Muchas veces, las personas sienten que no son lo suficientemente buenas o no califican para tener una relación con Dios. Debemos entender que Jesús murió por nosotros porque ya sabía los pecados que íbamos a cometer. Él murió por amor, Él te ama incondicionalmente, sin peros. Acércate a Él tal como eres y permite que Su precioso Espíritu Santo te ayude en la vida. Dios no espera que cambies tu vida de la noche a la mañana, es un proceso en el cual Él será tu maestro, pero debes darle la bienvenida y decirle, "Espíritu Santo eres bienvenido a mi vida". Dios va a usar a personas en tu vida para sembrar, a otros para regar, pero solo Él puede hacer el crecimiento (I Corintios 3:5-7).

Oración

Señor, úsame como un instrumento para Tu gloria para expandir el evangelio a todas las naciones a través de la televisión, radio, medios sociales, o cualquier otra plataforma que me hayas entregado.

Devocional de 21 Días

*"Pon todo lo que hagas en manos del
SEÑOR, y tus planes tendrán éxito"
(Proverbios 16:3 NTV).*

En las siguientes páginas encontrarás un devocional de 21 días diseñado para ayudarte a permanecer enfocada en tu misión terrenal. El objetivo es acercarte a Dios y entender Su asignación para tu vida. Te recomiendo que escribas tus sueños y aspiraciones aquí porque te ayudarán a tener una idea clara de tus objetivos y te motivarán a cumplirlos. ¿Sabías que hay un misterio cuando escribes en papel tus metas? Tarde o temprano se manifestarán en el mundo natural.

"Entonces el Señor me dijo: Escribe mi respuesta con claridad en tablas, para que un corredor pueda llevar a otros el mensaje sin error" (Habacuc 2:2 NTV).

Día 1
Eres una mujer conforme al corazón de Dios.

"Más bien, busquen primeramente el reino de Dios y su justicia, y todas estas cosas les serán añadidas" (Mateo 6:33 NVI).

Misión de hoy
Escribe a continuación cómo comenzarás a buscar a Dios…

Día 2
Eres una mujer de oración.

"No se inquieten por nada; más bien, en toda ocasión, con oración y ruego, presenten sus peticiones a Dios y denle gracias. Y la paz de Dios, que sobrepasa todo entendimiento, cuidará sus corazones y sus pensamientos en Cristo Jesús" (Filipenses 4:6-7 NVI).

Misión de hoy
Escribe a continuación cómo la oración
puede cambiar tu vida…

Día 3
Eres una mujer de ayuno.

"Ahora bien —afirma el SEÑOR—, vuélvanse a mí de todo
corazón, con ayuno, llantos y lamentos. Rásguense
el corazón y no las vestiduras…"
(Joel 2:12-13 NVI).

Misión de hoy
Escribe a continuación cómo el ayuno puede
ayudar a tu vida espiritual…

Madelyn Rodríguez

Día 4
Eres una mujer de sabiduría.

"El temor del SEÑOR es la base del verdadero conocimiento,
pero los necios desprecian la sabiduría y la disciplina"
(Proverbios 1:7 NTV).

Misión de hoy
Escribe a continuación cómo la sabiduría
puede mejorar tu vida...

Día 5
Eres una mujer de propósito.

"Pon todo lo que hagas en manos del SEÑOR,
y tus planes tendrán éxito" (Proverbios 16:3 NTV).

Misión de hoy
Escribe a continuación por qué tu propósito
es importante...

Día 6
Eres una mujer valiente.

"Ya te lo he ordenado: ¡Sé fuerte y valiente! ¡No tengas miedo ni te desanimes! Porque el SEÑOR tu Dios te acompañará dondequiera que vayas"
(Josué 1:9 NVI).

Misión de hoy
Escribe a continuación cómo puedes convertirte en una mujer valiente...

Día 7
Eres una mujer de visión.

"El SEÑOR dice: Yo te instruiré, yo te mostraré el camino que debes seguir; yo te daré consejos y velaré por ti" (Salmos 32:8 NVI).

Misión de hoy
Escribe a continuación tus ideas y sueños...

Día 8
Eres una mujer de influencia.

"Ustedes son la luz del mundo...Hagan brillar su luz delante de todos, para que ellos puedan ver las buenas obras de ustedes y alaben al Padre que está en el cielo"
(Mateo 5:14, 16 NVI).

Misión de hoy
Escribe a continuación cómo puedes influenciar
a quienes te rodean...

Día 9
Eres una mujer de carácter.

"También nos alegramos al enfrentar pruebas y dificultades porque sabemos que nos ayudan a desarrollar resistencia. Y la resistencia desarrolla firmeza de carácter, y el carácter fortalece nuestra esperanza segura de salvación" (Romanos 5:3-4 NTV).

Misión de hoy
Escribe a continuación cómo tener carácter puede mejorar tu vida...

Día 10

Eres una mujer de disciplina.

"Ninguna disciplina resulta agradable a la hora de recibirla.
Al contrario, ¡es dolorosa! Pero después, produce la
apacible cosecha de una vida recta para los
que han sido entrenados por ella"
(Hebreos 12:11 NTV).

Misión de hoy

Escribe a continuación cómo puedes vivir una
vida de disciplina...

Día 11
Eres una mujer hermosa.

"Y creó Dios al hombre a su imagen, a imagen de
Dios lo creó; varón y hembra los creó"
(Génesis 1:27 RVR1960).

Misión de hoy
Escribe a continuación por qué eres una
mujer hermosa...

Día 12
Eres una mujer segura de ti misma.

"Todo lo puedo en Cristo que me fortalece"
(Filipenses 4:13 RVR1960).

Misión de hoy
Escribe a continuación cómo eres una mujer
segura de ti misma. . .

Día 13
Eres una mujer enfocada.

"Nadie puede servir a dos señores, pues menospreciará a uno y amará al otro, o querrá mucho a uno y despreciará al otro…" (Mateo 6:24 NVI).

Misión de hoy
Escribe a continuación cómo te enfocarás más…

Madelyn Rodríguez

Día 14
Eres una mujer de integridad.

"A los justos los guía su integridad; a los falsos los destruye su hipocresía" (Proverbios 11:3 NVI).

Misión de hoy
Escribe a continuación cómo la integridad
es importante...

Día 15
Eres una mujer inspiradora.

"Los sabios resplandecerán con el brillo de la bóveda celeste;
los que instruyen a las multitudes en el camino de la justicia
brillarán como las estrellas por toda la eternidad"
(Daniel 12:3 NVI).

Misión de hoy
Escribe a continuación lo que te inspira…

Madelyn Rodríguez

Día 16
Eres una mujer poderosa.

"Pero recibirán poder cuando el Espíritu Santo descienda sobre ustedes…" (Hechos 1:8 NTV).

Misión de hoy
Escribe a continuación cómo el poder de Dios en ti puede ayudar a otros…

Día 17
Eres una mujer optimista.

"…ríe sin temor al futuro" (Proverbios 31:25 NTV).

Misión de hoy
Escribe a continuación por qué el optimismo es importante…

Madelyn Rodríguez

Día 18
Eres una mujer de persistencia.

"Pero en cuanto a ustedes, sean fuertes y valientes porque su trabajo será recompensado"
(2 Crónicas 15:7 NTV).

Misión de hoy
Escribe a continuación cómo persistirás cualquier obstáculo...

Día 19
Eres una mujer organizada.

"Está atenta a todo lo que ocurre en su hogar,
y no sufre las consecuencias de la pereza"
(Proverbios 31:27 NTV).

Misión de hoy
Escribe a continuación cómo puedes comenzar
a organizar tu vida…

Día 20
Eres una mujer amorosa.

"El amor es paciente y bondadoso. El amor no es celoso ni fanfarrón ni orgulloso ni ofensivo. No exige que las cosas se hagan a su manera. No se irrita ni lleva un registro de las ofensas recibidas. No se alegra de la injusticia, sino que se alegra cuando la verdad triunfa. El amor nunca se da por vencido, jamás pierde la fe, siempre tiene esperanzas y se mantiene firme en toda circunstancia"
(1 Corintios 13:4-7 NTV).

Misión de hoy
Escribe a continuación cómo puedes ser
más amorosa...

Día 21
Eres una mujer que cumplirá su misión terrenal.

"Sé que todo lo puedes, y que nadie puede detenerte"
(Job 42:2 NTV).

Misión de hoy

Escribe a continuación cómo planeas
permanecer enfocada en tu misión...

Madelyn Rodríguez

Recibe Salvación

Hace unos 2,000 años que Jesús murió en la cruz del Calvario para darte salvación, liberación, sanidad y restauración. ¡Hoy, Él quiere que vivas una vida victoriosa llena de felicidad y propósito! Mujer de Dios, estás destinada a hacer cosas grandes, cumple con tu misión y ayuda a otros a también cumplir las de ellos. En este día estarás tomando la decisión más importante de tu vida aceptando a Jesús como tu Señor y Salvador, Él que te ama tanto y está esperando tener una relación contigo.

"Si declaras abiertamente que Jesús es el Señor y crees en tu corazón que Dios lo levantó de los muertos, serás salvo. Pues es por creer en tu corazón que eres declarado justo a los ojos de Dios y es por declarar abiertamente tu fe que eres salvo" (Romanos 10:9-10 NTV).

Oración de Salvación

Jesús hoy te recibo como mi Señor y Salvador. Gracias por morir en la cruz por mis pecados, me arrepiento de mis pecados y quiero empezar una nueva vida Contigo. Señor por favor escribe mi nombre en el Libro de la Vida y nunca lo borres. A partir de este día quiero tener una relación contigo. Precioso Espíritu Santo de Dios te doy la bienvenida a mi vida y te pido que me guíes a mi destino profético y me ayudes a permanecer fiel a Tus mandamientos.

Acerca de la autora

Madelyn Rodríguez es autora, evangelista y periodista. Lanzó su primer libro en las Naciones Unidas, *Las escaleras hacia el cielo: Cómo Dios habla a través de sueños, visiones y revelaciones.* En las Naciones Unidas organizó reuniones e impartió conferencias para líderes cristianos. Por varios años trabajó como talento al aire para el canal Telemundo 47 y locutora para Univisión Radio, ambos en Nueva York. Ha sido invitada como oradora a la Universidad de Harvard. También es autora de, *Posiciónate y toma tu lugar: Descubre tu fuerza en los lugares difíciles,* todos sus libros están disponibles en la plataforma de Amazon. Es la Fundadora del ministerio, *Mujeres con Propósito.* En su canal de YouTube tiene más de 1 millón de visitas. Obtuvo dos títulos universitarios, en Justicia Criminal y Periodismo. Nació y se crió en la ciudad de Nueva York, de padres dominicanos.

Más libros de la autora

Madelyn Rodríguez

LAS ESCALERAS
HACIA EL CIELO

Cómo Dios Habla a Través De Los
Sueños, Visiones y Revelaciones

El Paraíso es Real

MADELYN RODRIGUEZ

Expresa Liderazgo: ¡Tu misión lo es todo!

Las escaleras hacia el cielo: Cómo Dios habla a través de los sueños, visiones y revelaciones

¡Viviendo en lo sobrenatural!

Madelyn Rodríguez nos cuenta acerca de sus experiencias con los sueños, visiones y revelaciones que Dios le ha dado. Las Escaleras Hacia el Cielo es una herramienta esencial para poder identificar de dónde provienen sus revelaciones. Es una guía para comprender el mundo espiritual y sus manifestaciones sobrenaturales. "Después de esto, derramaré mi Espíritu sobre todo el género humano. Los hijos y las hijas de ustedes profetizarán, tendrán sueños los ancianos y visiones los jóvenes" (Joel 2:28 NVI).

En este libro aprenderás a:

-Interpretar los sueños y las visiones

-Discernir de dónde vienen tus sueños y visiones

-Entender el mundo espiritual y caminar en lo sobrenatural

MADELYN RODRIGUEZ

POSICIÓNATE Y TOMA TU LUGAR

Descubre Tu Fuerza En Los Lugares Difíciles

Posiciónate y toma tu lugar: Descubre tu fuerza en los lugares difíciles

¡Inténtalo de nuevo, pero esta vez con Dios!

En este libro, Madelyn Rodríguez te motivará a seguir creyendo en medio de cualquier proceso que estés enfrentando, para que manifiestes lo que Dios ha depositado en ti. ¡Cada obstáculo que logres superar te hace más fuerte! ¿Sabías que tu edad, pasado, fracasos, o cualquier otra dificultad no son barreras para detenerte? Sino para empujarte a dar a luz al destino que Dios predestinó para ti. ¡Vale la pena empezar desde cero! Usa el miedo como un motor y no para que te paralice. ¿Quién dijo que el tiempo se terminó? ¡Es tiempo de romper paradigmas, explorar nuevos horizontes y salir de tu zona de confort! Dios te ha dado el poder y la autoridad para conquistar. En estas páginas descubrirás estrategias prácticas para discernir la temporada en la que estás viviendo y cómo avanzar con más fuerza que nunca. ¡Es tiempo de volver a vivir!

Madelyn Rodríguez